AF525061

Teatime Rezepte

Das Kochbuch mit den leckersten Rezepten für eine gemütliche Teatime britischer Art

Maria Zielke

Alle Ratschläge in diesem Buch wurden vom Autor und vom Verlag sorgfältig erwogen und geprüft. Eine Garantie kann dennoch nicht übernommen werden. Eine Haftung des Autors beziehungsweise des Verlags für jegliche Personen-, Sach- und Vermögensschäden ist daher ausgeschlossen.

Email: info@edition-lunerion.de
www.edition-lunerion.de

Psiana eCom UG
Berumer Str. 44
26844 Jemgum

Vorwort

It's Teatime! Man muss kein Brite sein, um bei dieser Ankündigung in wohlige Vorfreude zu verfallen, denn das Ritual rund um Schwarztee, Scones & andere Leckereien hat längst seinen Siegeszug rund um die Welt angetreten. Auch in Deutschland hat die Idee, sich am Nachmittag eine entspannende Auszeit bei Tee oder Kaffee und einigen erlesenen Kleinigkeit zu gönnen, mittlerweile zahlreiche Fans gefunden. Damit die Teatime nun so richtig lecker wird, finden Sie in diesem Rezeptbuch eine Riesenauswahl an original britischen Köstlichkeiten, mit denen Sie das royale Relax-Gefühl kinderleicht auch in Ihr Wohnzimmer bringen. Ob Schwarztee oder Chai-Milch, Clotted Cream oder Zitronen-Tarte, Eggs Benedict oder Pizzaschnecken – die Jahrzehnte haben das zutiefst britische Kulturgut der Teatime erweitert, verfeinert und internationalisiert. Wurden anfangs ausschließlich Schwarztee und Sandwiches gereicht, so haben Tea-Time-Freunde heute die Qual der Wahl zwischen unterschiedlichen Heißgetränken, süßen und pikanten Snacks, Kuchen und Torten und sogar kleinen Gerichten. Wer möchte, kann zudem den Feierabend stilvoll-britisch mit ausgewählten Drinks einläuten und sich zum Bacon-Sandwich etwa einen Gin Tonic oder hausgemachte Zitronenlimonade gönnen. Klingt etwas aufwändig? Ganz und gar nicht! Denn in diesem Buch finden Sie unterschiedlichste Rezepte und Inspirationen von unkomplizierten Snacks bis hin zu kunstvollen Tortenkreationen und können jeden Tag aufs Neue vielfältige Geschmäcker verkosten. Sie haben die Wahl, bzw.: The choice is yours!

Guten Appetit!

INHALT

Welcome to afternoon tea! 1

Süße Snacks 3

Schokomousse *4*

Englische Butterkekse *5*

Orangen-Jaffa-Cakes *6*

Himbeer-Cookies *7*

Soft-baked-Cookies *8*

Rosinenkekse *9*

Sticky-Toffee-Trifle *10*

Pfirsich-Soufflé *11*

Mini-Pancakes (v) *12*

Birnenbrot-Pudding *13*

Sticky-Toffee-Pudding *14*

Klassische Scones *15*

Blaubeer-Scones *16*

Apfel-Zimt-Scones *17*

Erdbeermarmelade (v) *18*

Whiskey-Orangen-Marmelade (v) *19*

Zitrus-Ingwer-Marmelade (v) *20*

Herzhafte Häppchen 21

Kichererbsen-Cracker (v) *22*

Schinken-Käse-Schnecken *23*

Pizza-Schnecken *24*

Würstchen im Schlafrock (v) *25*

Mediterrane Scones (v) *26*

Vollkornbrot (v) *27*

Baked-Beans-Aufstrich (v) 28
Hummus (v) 29
Chicken-Tikka-Massala-Aufstrich (v) 30
Mayonnaise (v) 31
Gemüsepasteten (v) 32
Pilz-Maronen-Pasteten (v) 33
Zwiebelkuchen 34
Quiche Lorraine 35

Kuchen und Torten 36

Schoko-Tarte mit Rhabarberkompott (v) 37
Toffee-Brownies 39
Vanillemuffins (v) 40
Marzipan-Weintrauben-Muffins 41
Apfel-Karamell-Cupcakes 42
Spekulatius-Cupcakes 43
Himbeer-Schoko-Torteletts 44
Käsekuchen 45
Apfelkuchen 46
Honigkuchen mit Zitrone 47
Schokoladenkuchen (v) 48
Süßes Teebrot 49
Kuchenbrot (v) 50
No-bake-Chai-Cheesecake (v) 51
No-bake-Erdbeer-Cheesecake 52
Erdbeer-Sahne-Sandwich 53
Nusstorte 54
Blaubeer-Crumble (v) 55

Very british 56
Whiskeycreme *57*
Schokoladenüberzogene Profiterole *58*
Schottisches Shortbread *59*
Millionaire's Shortbread *60*
Haferkekse *61*
Trifle *62*
Hot Cross Buns *63*
Klassischer Brotpudding *64*
Clotted Cream *65*
Crumpets (v) *66*
Kartoffelpfannkuchen (v) *67*
Bath Buns *68*
English Muffins *69*
Sodabrot *70*
Eggs Benedict *71*
Zitronentarte *72*
Kürbis-Pie *73*
Möhrentorte *74*
Apple Pie *75*
Apfel Crumble (v) *76*

Warme Getränke 77

Schwarzer Tee (v) 78

Ingwer-Zitronen-Tee (v) 79

Kräutertee (v) 80

Kamillenmilch (v) 81

Lavendelmilch (v) 82

Apfelpunsch (v) 83

Heiße Schokolade (v) 84

Traubenpunsch (v) 85

Süße Milch (v) 86

Entspannende Chai-Milch (v) 87

Kaltgetränke 88

Zitronenlimonade (v) 89

Pfirsichlimonade (v) 90

Ginger Ale mit Himbeeren (v) 91

Chai-Latte auf Eis (v) 92

Schokolade auf Eis (v) 93

Apfel-Gin (v) 94

Gin-Mojito mit Ingwer (v) 95

Gin Tonic (v) 96

Ingwer-Kirsch (v) 97

Negroni (v) 98

Baileys-Espresso-Martini 99

Welcome to afternoon tea!

Tee und Teetrinken gehören zu den Kulturgütern, die beim ersten Gedanken mit Großbritannien assoziiert werden. Bereits im siebzehnten Jahrhundert eroberte das chinesische Getränk die Weltmacht Britannien im Zuge des Importes. Das Ritual, sich nachmittags zum gemeinsamen Teetrinken zusammenzusetzen, entstand jedoch erst im neunzehnten Jahrhundert. Hierbei handelte es sich vor allem um starken Schwarztee, gemischt mit Milch. Jedoch drehte sich die Welt weiter, Jahre gingen ins Land und so veränderte sich auch die *Teatime*.

Der Begriff hat mittlerweile zwei Bedeutungen. Vor allem unter Arbeitern und in Schottland und Irland wird damit heute ein frühes Abendessen direkt nach dem Feierabend verbunden.

Auf der anderen Seite bleibt *Tea* die Bezeichnung für eine kleine Zwischenmahlzeit gegen vier/fünf Uhr nachmittags mit einem warmen Schwarztee und einem kleinen Snack. Darüber hinaus haben sich auch andere Getränke in dieser britischen Gepflogenheit etabliert. Grüner Tee, Kräutertee, Kaffee und der eine oder andere Cocktail für ein Zusammentreffen am Wochenende wurden Teil der kleinen Zeremonie. Es werden nicht mehr nur Sandwiches, sondern unterschiedliche Kleingerichte, Cremes und sogar Torten verspeist. Scones, Kekse, Shortbread, Kuchen und

Pasteten – all das gehört nun dazu und kann nach Belieben variiert werden. Zu den beliebtesten Teesorten gehören übrigens Earl Grey und English Breakfast Tea. Übliche Sandwiches sind Ei-Bacon-Mayonnaise, Kochschinken-Cheddar-Mayonnaise und Thunfisch-Gurke-Salat-Mayonnaise.

Dieses Rezeptbuch stellt diese Vielfalt dar und lädt zum Ausprobieren ein. Hierbei werden traditionelle Gebäcke mit modernen Gerichten kombiniert, um Ihnen die perfekte Auswahl für Ihre persönliche *Teatime* zu bieten – ob nur für sich selbst oder als eine kleine Party.

Also *dear tea lovers*: Entdecken Sie, lernen Sie kennen und finden Sie heraus, was Sie am Nachmittag entspannen und abschalten lässt!

Info: Vegane Rezepte sind mit einem (v) gekennzeichnet.

Süße Snacks

SCHOKOMOUSSE

6 Port. 1 Std. 10 Min. Leicht

Zutaten

2 Avocados
3 EL flüssiger Honig
1 PK Vanillinzucker
50 g Backkakao

Nährwerte p. P.

223 kcal
11 g Kohlenhydrate
18 g Fett
3 g Eiweiß

1 Schälen und entkernen Sie die Avocados und pürieren Sie sie mithilfe eines Mixers oder einer Küchenmaschine.

2 Geben Sie Honig, Vanillinzucker und Backkakao dazu und mischen Sie erneut.

Tipp: Der Honig ist einfacher hinzuzugeben, wenn der verwendete Esslöffel zuvor mit Öl bestrichen wird.

3 Füllen Sie das Schokomousse in 6 Gläser und stellen Sie diese für etwa eine Stunde kalt.

Tipp: Dieses Rezept ist auch als vegane Variante möglich, indem Sie statt Honig Agavendicksaft oder Ahornsirup verwenden.

ENGLISCHE BUTTERKEKSE

70 Port.	2 Std. 30 Min.	Leicht

Zutaten

190 g Mehl
100 g brauner Zucker
1 PK Vanillinzucker
1 Prise Salz
125 g Butter

Nährwerte p. P.

30 kcal
3 g Kohlenhydrate
2 g Fett
0 g Eiweiß

1 Mischen Sie Mehl, braunen Zucker, Vanillinzucker, Salz und Butter und verkneten Sie alles mit den Händen oder den Knethaken eines Handrührgeräts.

2 Rollen Sie den Teig in etwa 4 cm dicke Rollen und stellen Sie diese in Frischhaltefolie gewickelt für 2 Stunden kühl, bis sie fest sind.

3 Heizen Sie den Ofen auf 160 °C Umluft vor und legen Sie ein Backblech mit Backpapier aus.

4 Schneiden Sie die Teigrollen in jeweils ½ cm dicke Scheiben, verteilen Sie diese auf dem Blech und backen Sie sie für etwa 10 Minuten.

Tipp: Dieses Rezept ist auch als vegane Variante möglich, indem Sie statt Butter vegane Butter (Margarine) verwenden. Schokoliebhaber können dem Teig im ersten Schritt 2 EL Backkakao zugeben, um den Plätzchen einen anderen Geschmack zu verleihen.

ORANGEN-JAFFA-CAKES

20 Port. | 2 Std. | Mittel

Zutaten

30 g Butter
70 g Zucker
1 Prise Salz
2 Eier
60 g Mehl
½ TL gemahlener Kardamom
2 Blatt Gelatine
160 ml gepresster Orangensaft
150 g dunkle Schokolade

Nährwerte p. P.

88 kcal
11 g Kohlenhydrate
5 g Fett
2 g Eiweiß

1 Heizen Sie den Ofen auf 160 °C Umluft vor und legen Sie ein Backblech mit Backpapier aus. Für die Keksböden schlagen Sie Butter, 60 g Zucker und Salz für etwa 5 Minuten mit einem Schneebesen oder Handrührgerät luftig auf. Geben Sie die Eier hinzu und schlagen Sie das Ganze erneut.

2 Geben Sie Mehl und Kardamom hinzu, verarbeiten Sie alles zu einem glatten Teig und stellen Sie diesen für mindestens 30 Minuten kalt. Für die Keksfüllung legen Sie währenddessen ein Tablett, Backblech oder eine Auflaufform mit Frischhaltefolie aus. Je mehr Fläche Ihre Unterlage hat, desto dünner wird die Keksfüllung.

3 Weichen Sie die Gelatine etwa 10 Minuten in kaltem Wasser ein und erhitzen Sie Orangensaft und 10 g Zucker in einem kleinen Topf. Drücken Sie die eingeweichten Gelatineblätter vorsichtig mit der Hand aus, geben Sie sie in den heißen Orangensaft und vermischen Sie alles gut. **Tipp:** Sie können auch mit verschiedenen Säften oder Sirups bei der Füllung experimentieren. Beispielsweise bietet sich in dieser Kombination auch Himbeergeschmack an.

4 Gießen Sie die Keksfüllung in Ihre vorbereitete Form und lassen Sie diese auskühlen, bis sie vollständig fest geworden ist. Formen Sie gleich große Kugeln aus dem Keksteig, backen Sie diese für 5–15 Minuten und lassen Sie die Kekse für mindestens 30 Minuten komplett auskühlen. Stechen Sie aus der Keksfüllung Kreise aus, die etwas kleiner als die Kekse sind, und legen Sie diese auf die Kekse.

5 Hacken und schmelzen Sie die Zartbitterschokolade in einem Wasserbad, verteilen Sie diese über den Keksen und stellen Sie letztere etwa 30 Minuten kühl, bis die Schokolade hart geworden ist.

Tipp: Zum Verteilen der geschmolzenen Schokolade träufeln Sie mithilfe eines Löffels etwas über den jeweiligen Keks und verstreichen es dann mit einem Pinsel.

HIMBEER-COOKIES

18	1 Std.	Leicht
Port.	45 Min.	

Zutaten

2 Eier
100 g weiße Schokolade
3 EL getrocknete Himbeeren
250 g Butter (Zimmertemperatur)
130 g weißer Zucker
130 g brauner Zucker
1 PK Vanillinzucker
335 g Mehl
1 TL Backpulver
1 TL Salz

Nährwerte p. P.

270 kcal
34 g Kohlenhydrate
14 g Fett
3 g Eiweiß

1 Trennen Sie ein Ei und hacken Sie weiße Schokolade und Himbeeren grob.

Tipp: Sie können statt der Himbeeren auch Cranberrys verwenden.

2 Schlagen Sie Butter, weißen, braunen und Vanillinzucker für etwa 5 Minuten mithilfe eines Handrührgeräts luftig auf. Geben Sie ein Ei und ein Eigelb hinzu und schlagen Sie erneut.

3 Mischen Sie Mehl, Backpulver und Salz in einer anderen Schüssel, geben Sie diese Mischung zu der Buttermischung und vermengen Sie alles miteinander.

4 Geben Sie die weiße Schokolade und Himbeeren hinzu und verkneten Sie alles.

5 Formen Sie etwa 18 Teigkugeln und stellen Sie diese für eine Stunde kalt.

6 Heizen Sie den Ofen auf 160 °C Umluft vor und legen Sie ein Backblech mit Backpapier aus.

7 Verteilen Sie die Teigkugeln mit genügend Abstand zueinander auf dem Backblech und backen Sie die Cookies für 10–15 Minuten. Lassen Sie die Cookies erst 10 Minuten auf dem Backblech und danach auf einem Gitter auskühlen.

SOFT-BAKED-COOKIES

12 Port. | 30 Min. | Leicht

Zutaten

Etwa 50 g Zartbitterschokolade
110 g Butter
100g weißer Zucker
50 g brauner Zucker
200 g Mehl
½ TL Backpulver
1 PK Vanillinzucker
1 Prise Salz
1 Ei

Nährwerte p. P.

207 kcal
28 g Kohlenhydrate
10 g Fett
3 g Eiweiß

1 Heizen Sie den Ofen auf 180 °C Umluft vor und legen Sie ein Backblech mit Backpapier aus.

2 Hacken Sie die Schokolade grob.

Tipp: Sie können auch Vollmilch- oder weiße Schokolade verwenden. Sollten Sie sich für weiße Schokolade entscheiden, geben Sie dem Teig ½ TL Zimt hinzu.

3 Schmelzen Sie die Butter in einer Mikrowelle oder bei schwacher Hitze in einem kleinen Topf.

4 Mischen Sie die Butter mit weißem und braunem Zucker.

5 Geben Sie Mehl, Backpulver, Vanillinzucker, Salz, ein Ei und die Schokolade hinzu und verkneten Sie alles zu einem Teig.

6 Formen Sie 12 Kugeln aus dem Teig, legen Sie diese mit ausreichend Abstand auf das Backblech und backen Sie die Cookies für 10–15 Minuten. Lassen Sie sie erst 10 Minuten auf dem Backblech und danach auf einem Gitter abkühlen.

ROSINENKEKSE

6 Port.

40 Min.

Leicht

Zutaten

200 g Mehl
1 PK Backpulver
1 PK Vanillinzucker
½ TL Salz
100 g Butter
1 Ei
130 g Rosinen

Nährwerte p. P.

323 kcal
41 g Kohlenhydrate
15 g Fett
5 g Eiweiß

1 Heizen Sie den Ofen auf 190 °C Umluft vor und legen Sie ein Backblech mit Backpapier aus.

2 Mischen Sie Mehl, Backpulver, Vanillinzucker und Salz.

3 Schneiden Sie die Butter in kleine Würfel und kneten Sie sie mit den Händen oder den Knethaken eines Handrührgeräts in die Mehlmischung.

4 Geben Sie die Rosinen und das Ei hinzu und kneten Sie erneut.

Tipp: Sollte der Teig noch zu trocken sein, geben Sie etwas Wasser oder Milch hinzu.

5 Teilen Sie den Teig in 6 Teile, rollen Sie diese zu Kugeln und backen Sie sie für 10–15 Minuten, bis sie eine goldbraune Färbung haben.

Tipp: Sie können statt Rosinen auch andere Beeren oder kandierte Früchte verwenden.

STICKY-TOFFEE-TRIFLE

 8 Port.

 5 Std.

 Mittel

Zutaten

60 g Butter
150 g brauner Zucker
¼ TL Salz
625 ml Milch
3 EL Stärkepulver
3 Eier
1 EL Whiskey
1 PK Vanillinzucker

Für die Füllung:
130 g gehackte Mandeln
300 g heller Fertigkuchen (z. B. Biskuitboden oder Minikuchen)
200 ml Karamellsoße
100 ml Sprühsahne
1 TL Zimt

Nährwerte p. P.

565 kcal
73 g Kohlenhydrate
26 g Fett
11 g Eiweiß

1 Rösten Sie die Mandeln in einer Pfanne über mittlerer Hitze für etwa 5 Minuten ohne Speiseöl. Für den Pudding trennen Sie zwei Eier.

2 Schmelzen Sie die Butter in der Mikrowelle oder einem Topf bei geringer Hitze. Geben Sie braunen Zucker und Salz hinzu, vermischen Sie alles, nehmen Sie die Mischung von der Herdplatte und mischen Sie 565 ml Milch hinein.

3 Vermengen Sie in einer Schüssel 60 ml Milch mit dem Stärkepulver. Schlagen Sie mit einem Schneebesen ein Ei und 2 Eigelb hinein.

4 Geben Sie die Stärkemischung zu der Buttermischung in den Topf, vermengen Sie alles und bringen Sie es bei hoher Hitze und unter ständigem Rühren zum Kochen.

5 Sobald die Mischung anfängt, zu kochen, drehen Sie die Hitze herunter und lassen die Mischung noch eine Minute lang köcheln.

6 Sobald der Pudding fester wird, nehmen Sie ihn von der Herdplatte und rühren Whiskey und Vanillinzucker ein. Kühlen Sie den Pudding für etwa 4 Stunden. Krümeln Sie den Fertigkuchen in eine große Schüssel.

7 Geben Sie die Karamellsoße und den Pudding darüber und dekorieren Sie mit Sprühsahne, gerösteten Mandeln und verstreutem Zimt.

PFIRSICH-SOUFFLÉ

4 Port.

1 Std.

Mittel

Zutaten

4 Eier
330 ml Milch
40 g Weichweizengrieß
80 g Zucker
2 PK Vanillinzucker
½ TL Zimt
4 Prisen Salz
600 g Pfirsichhälften aus der Dose
Puderzucker

Nährwerte p. P.

377 kcal
66 g Kohlenhydrate
9 g Fett
9 g Eiweiß

1 Heizen Sie den Ofen auf 200 °C Ober-/Unterhitze vor. Trennen Sie die Eier.

2 Mischen Sie 300 ml Milch, Weichweizengrieß, 60 g Zucker, Vanillinzucker, Zimt und 2 Prisen Salz, kochen Sie alles unter ständigem Rühren auf und lassen Sie es etwa 2 Minuten lang kochen.

3 Nehmen Sie die Mischung vom Herd und rühren Sie schnell die Eigelbe ein, bevor Sie das Ganze 5 Minuten abkühlen lassen.

4 Schlagen Sie Eiweiße mit 2 Prisen Salz mithilfe eines Handrührgeräts steif, geben Sie den restlichen Zucker hinzu und schlagen Sie die Masse erneut, bis sie glänzt.

5 Rühren Sie die Grießmischung mit 30 ml Milch glatt und heben Sie den Eischnee vorsichtig unter.

6 Schneiden Sie die Pfirsiche in Scheiben und verteilen Sie diese in vier kleinen Auflaufformen mit einem Durchmesser von etwa 12 cm.

7 Füllen Sie die Grießmischung über die Pfirsiche und backen Sie die Soufflés 20–25 Minuten.

8 Zur Dekoration bestreuen Sie die Soufflés mit Puderzucker.

Tipp: Servieren Sie die Soufflés mit Schoko- oder Himbeersoße.

MINI-PANCAKES (V)

14 Port. | 30 Min. | Leicht

Zutaten

120 g Mehl
1 TL Backpulver
½ TL Zimt
1 Prise Salz
1 Prise gemahlene Muskatnuss
125 ml Pflanzenmilch
3 EL Agavendicksaft
1 TL milder Essig (beispielsweise Apfel- oder Reisessig)
Speiseöl

Nährwerte p. P.

37 kcal
8 g Kohlenhydrate
1 g Fett
1 g Eiweiß

1 Mischen Sie Mehl, Backpulver, Zimt, Salz und Muskatnuss.

2 Geben Sie Pflanzenmilch, Agavendicksaft und Essig hinzu und rühren Sie den Teig glatt.

3 Geben Sie jeweils einen Esslöffel oder eine kleine Kelle Teig in eine Pfanne und backen Sie die Pancakes mit Speiseöl bei mittlerer Hitze.

BIRNENBROT-PUDDING

4 Port. 20 Min. Leicht

Zutaten

110 g Mehl
110 g Zucker
2 Prisen Salz
1 PK Backpulver
½ TL gemahlener Ingwer
110 g Butter
2 Eier
2 Orangen
2 Birnen
Ahornsirup

Nährwerte p. P.

530 kcal
61 g Kohlenhydrate
29 g Fett
7 g Eiweiß

1 Nehmen Sie 4 Teetassen zur Hand, in denen die Puddings später backen sollen. Fertigen Sie für diese Deckel an, indem Sie die Tassen auf Backpapier stellen, Kreise um ihre Räder ziehen und diese ausschneiden. Fetten Sie die Tassen ein.

2 Mischen Sie Mehl, Zucker, Salz, Backpulver, gemahlenen Ingwer, Butter und Eier mit einem Handrührgerät oder in einer Küchenmaschine.

3 Reiben Sie die Orangenschale hinein und mischen Sie noch einmal.

4 Schälen und entkernen Sie die Birne. Schneiden Sie sie in etwa 1 cm große Würfel.

5 Gießen Sie etwas Ahornsirup in die Teetassen und geben Sie die gewürfelte Birne darüber. Füllen Sie den Puddingteig darüber und drücken Sie vorsichtig Ihre Backpapierdeckel oben an den Teig.

6 Backen Sie die Brotpuddings für 4–6 Minuten in der Mikrowelle und lassen Sie sie vor dem Servieren noch etwas abkühlen.

STICKY-TOFFEE-PUDDING

6 Port.

50 - 60 Min.

Leicht

Zutaten

70 ml kochendes Wasser
140 g entkernte Datteln
1 TL Backpulver
40 g Butter (Zimmertemperatur)
85 g brauner Zucker
1 Prise Salz
1 Ei
80 g Mehl

Nährwerte p. P.

232 kcal
40 g Kohlenhydrate
7 g Fett
3 g Eiweiß

1 Gießen Sie das kochende Wasser über die Datteln und ½ TL Backpulver und weichen Sie somit die Datteln für etwa 10 Minuten ein.

2 Schlagen Sie die Butter, den braunen Zucker und das Salz für etwa 5 Minuten mit einem Schneebesen oder Handrührgerät luftig auf, geben Sie das Ei hinzu und schlagen Sie die Mischung erneut.

3 Mischen Sie Mehl und ½ TL Backpulver unter, bis der Teig gleichmäßig ist.

4 Heizen Sie den Ofen auf 175 °C Umluft vor und legen Sie 6 Muffinformen bereit.

5 Pürieren Sie Datteln, Backpulver und Wasser mithilfe eines Mixers oder einer Küchenmaschine.

6 Mischen Sie Teig und Dattelmischung und füllen Sie diese in die Muffinformen.

7 Backen Sie die Puddings 15–20 Minuten.

Tipp: Servieren Sie die Puddings mit Karamellsoße.

KLASSISCHE SCONES

10 Port. | 30 Min. | Leicht

Zutaten

225 g Mehl
1 PK Backpulver
50 g Butter
25 g Zucker
1 Prise Salz
1 Ei
Etwa 100 ml Milch

Nährwerte p. P.

140 kcal
20 g Kohlenhydrate
6 g Fett
3 g Eiweiß

1 Heizen Sie den Ofen auf 200 °C vor und legen Sie ein Backblech mit Backpapier aus.

2 Mischen Sie Mehl, Backpulver und Butter.

3 Geben Sie Zucker und Salz hinzu und vermengen Sie alles.

4 Schlagen Sie ein Ei in einen Messbecher und füllen Sie bis 125 ml mit Milch auf. Geben Sie davon alles bis auf einen Esslöffel in den Teig und verkneten Sie diesen.

5 Teilen Sie den Teig in 10 Teile und formen Sie etwa 1,5 cm dicke Scones.

6 Bestreichen Sie die Scones mit der Eimischung und backen Sie sie für 10–15 Minuten, bis sie goldbraun sind.

BLAUBEER-SCONES

10 Port. | 30 Min. | Leicht

Zutaten

240 g Mehl
1 PK Backpulver
75 g Zucker
1 PK Vanillinzucker
½ TL Salz
115 g Butter
2 Eier
75 g Joghurt
1 Zitrone
170 g Blaubeeren

Nährwerte p. P.

234 kcal
29 g Kohlenhydrate
11 g Fett
4 g Eiweiß

1 Heizen Sie den Ofen auf 190 °C vor und legen Sie ein Backblech mit Backpapier aus.

2 Mischen Sie Mehl, Backpulver, 50 g Zucker, Vanillinzucker und Salz.

3 Schneiden Sie die Butter in kleine Würfel und kneten Sie sie in die Mehlmischung.

4 Reiben Sie die Zitrone und mischen Sie 1 EL Zitronenschale, Eier und Joghurt.

5 Vermengen Sie Mehl-, Joghurtmischung und Blaubeeren.

6 Teilen Sie den Teig in 10 Teile und formen Sie etwa 2,5 cm dicke Scones.

7 Schmelzen Sie 30 g Butter mit 25 g Zucker und streichen Sie diese Glasur über die Scones.

8 Backen Sie die Scones für 15–20 Minuten, bis sie goldbraun sind.

APFEL-ZIMT-SCONES

12 Port. | 1 Std. | Leicht

Zutaten

330 g Mehl
1 PK Backpulver
60 g Zucker
1 PK Vanillinzucker
¾ TL Salz
1 TL Zimt
110 g kalte Butter
110 g Zimttaschen (Frühstückszerealien)
80 g etwa 1 cm dicke Apfelscheiben
2 Eier
195 g Apfelmus

Nährwerte p. P.

246 kcal
37 g Kohlenhydrate
9 g Fett
5 g Eiweiß

1 Mischen Sie Mehl, Backpulver, Zucker, Vanillinzucker, Salz und Zimt.

2 Schneiden Sie die Butter in kleine Würfel und kneten Sie sie in die Mehlmischung.

3 Geben Sie die Zimttaschen und Apfelscheiben hinzu.

4 Mischen Sie in einer anderen Schüssel Apfelmus und Eier, geben Sie diese zu der Mehlmischung und verkneten Sie alles gut.

5 Legen Sie ein Backblech mit Backpapier aus, teilen Sie den Teig in 12 Teile und formen Sie etwa 2,5 cm dicke Scones.

6 Stellen Sie die Scones 20 Minuten kühl und heizen Sie währenddessen den Ofen auf 190 °C vor.

7 Backen Sie die Scones für 15–20 Minuten, bis sie goldbraun sind.

Tipp: Bestreuen Sie die Scones vor dem Servieren mit etwas Zimt und Zucker.

ERDBEERMARMELADE (V)

96 Port. | 30 Min. | Mittel

Zutaten

1 ¼ kg Erdbeeren
500 g Zucker
1 Limette
1 PK Gelierpulver (vegan)

Nährwerte p. P.

27 kcal
7 g Kohlenhydrate
1 g Fett
1 g Eiweiß

1 Sterilisieren Sie 4 Einmachgläser à 400 ml, beispielsweise, indem Sie sie und ihre Deckel für 10 Minuten in einem Topf auskochen. Dabei muss alles komplett mit Wasser bedeckt sein.

2 Waschen Sie die Erdbeeren vorsichtig in warmem, nicht fließendem Wasser, lassen Sie sie in einem Sieb oder auf einem Tuch abtropfen und entfernen Sie die Strünke.

3 Pressen Sie die Limette aus und mischen Sie den Saft mit den Erdbeeren, 2 EL Zucker und dem Gelierpulver. Kochen Sie die Erdbeermischung auf.

4 Geben Sie unter ständigem Rühren den restlichen Zucker hinzu, kochen Sie die Marmelade auf und lassen Sie sie etwa 1 Minute kochen.

5 Füllen Sie die Marmelade kochend heiß in die sterilisierten Gläser, verschließen Sie diese und drehen Sie danach sofort die Gläser für etwa 10 Minuten auf den Deckel.

WHISKEY-ORANGEN-MARMELADE (V)

96 Port. | 1 Std. | Mittel

Zutaten

Etwa 9 Orangen
400 ml Orangensaft
100 ml Whiskey
500 g Zucker
1 PK Gelierpulver

Nährwerte p. P.

43 kcal
10 g Kohlenhydrate
1 g Fett
1 g Eiweiß

1 Sterilisieren Sie 4 Einmachgläser à 400 ml, beispielsweise, indem Sie sie und ihre Deckel für 10 Minuten in einem Topf auskochen. Dabei muss alles komplett mit Wasser bedeckt sein. Waschen Sie die Orangen heiß und reiben Sie sie trocken.

2 Schälen Sie 3 Orangen mit einem Kartoffelschäler sehr dünn und schneiden Sie die Schale in dünne Streifen. Sie benötigen im Folgenden 30 g Orangenschalenstreifen.

3 Schälen Sie nun alle Orangen normal. Trennen Sie die einzelnen Fruchtstücke voneinander und entfernen Sie die weiße Haut vom Fruchtfleisch. Pürieren Sie 500 g Fruchtfleisch.

4 Geben Sie Orangenpüree, -saft und -schalenstreifen zusammen mit dem Whiskey in einen großen Kochtopf. Mischen Sie Zucker und Geliermittel und verrühren Sie dies mit der Fruchtmasse.

5 Kochen Sie die Fruchtmischung unter ständigem Rühren bei hoher Hitze auf und lassen Sie sie mindestens 3 Minuten sprudelnd kochen.

6 Füllen Sie die Marmelade kochend heiß in die sterilisierten Gläser, verschließen Sie diese und drehen Sie danach sofort die Gläser für etwa 10 Minuten auf den Deckel.

ZITRUS-INGWER-MARMELADE (V)

108 Port.

1 Std.

Mittel

Zutaten

8 Zitronen
350 ml Wasser
40 g Ingwer
100 g brauner Zucker
5 Orangen (900 g)
1 kg Gelierzucker

Nährwerte p. P.

46 kcal
11 g Kohlenhydrate
0 g Fett
0 g Eiweiß

1 Sterilisieren Sie 6 Einmachgläser à 300 ml, beispielsweise, indem Sie sie und ihre Deckel für 10 Minuten in einem Topf auskochen. Dabei muss alles komplett mit Wasser bedeckt sein.

2 Für den Zitronensirup waschen Sie die Zitronen heiß, trocknen sie ab und schälen 4 davon hauchdünn mit einem Kartoffelschäler. Schneiden Sie diese Schalen in feine Streifen. Blanchieren Sie diese, indem Sie sie mit 250 ml Wasser aufkochen, und gießen Sie sie in ein Sieb ab.

3 Schälen Sie den Ingwer und schneiden Sie ihn in feine Streifen.

Tipp: Ingwer ist meist leicht zu schälen, indem mit der Löffelkante eines Teelöffels die Schale abgerieben wird.

4 Erwärmen Sie den braunen Zucker zusammen mit 100 ml Wasser in einem kleinen Topf bei schwacher Hitze etwa 15 Minuten lang, bis die Mischung klar ist. Geben Sie Zitronen- und Ingwerstreifen hinzu und köcheln Sie alles für weitere 10 Minuten.

5 Pressen Sie 400 ml Zitronensaft und 550 ml Orangensaft. Mischen Sie die Säfte und filtern Sie sie beispielsweise mithilfe eines Kaffeefilters. Kochen Sie den Zitrussaft mit dem Gelierzucker auf und kochen Sie ihn für 4 Minuten.

6 Geben Sie den Zitronensirup mit Zitronen- und Ingwerstreifen hinzu und kochen Sie alles noch einmal kurz auf.

7 Füllen Sie die Marmelade kochend heiß in die sterilisierten Gläser, verschließen Sie diese und drehen Sie danach sofort die Gläser für etwa 10 Minuten auf den Deckel.

Herzhafte Häppchen

KICHERERBSEN-CRACKER (V)

40 Port. | 45 Min. | Leicht

Zutaten

215 g Kichererbsenmehl
130 g ungeschälter Sesam
3 TL Paprikapulver, edelsüß
1 TL getrockneter Thymian
1 TL Chilipulver
1 TL Salz
3 EL Speiseöl
1 EL Olivenöl
50 ml Wasser

Nährwerte p. P.

49 kcal
3 g Kohlenhydrate
3 g Fett
2 g Eiweiß

1 Heizen Sie den Ofen auf 175 °C Ober-/Unterhitze vor und legen Sie ein Backblech mit Backpapier aus.

2 Mischen Sie 200 g Kichererbsenmehl, 50 g Sesam, 1 TL Paprikapulver, Thymian, Chilipulver, Salz, 2 EL Speiseöl, Olivenöl und Wasser zusammen und verkneten Sie alles mit der Hand oder den Knethaken eines Handrührgeräts.

Tipp: Geben Sie etwas Wasser hinzu, falls der Teig zu krümelig sein sollte.

3 Streuen Sie das übrige Kichererbsenmehl auf Ihre Arbeitsfläche und rollen Sie den Teig darauf dünn aus.

4 Schneiden Dreiecke aus dem Teig und legen Sie diese auf das Backblech.

5 Bepinseln Sie die Cracker mit Speiseöl und streuen Sie den restlichen Sesam darüber.

6 Backen Sie die Cracker für 10–15 Minuten. Je nach Dicke der Dreiecke kann das variieren.

7 Bestäuben Sie die Cracker mit dem übrigen Paprikapulver, solange sie noch warm sind.

SCHINKEN-KÄSE-SCHNECKEN

20 Port.

25 Min.

Leicht

Zutaten

250 g Käse (z. B. Gouda, Edamer oder Cheddar)
1 Rolle Blätterteig
125 g Schinkenwürfel

Nährwerte p. P.

87 kcal
5 g Kohlenhydrate
5 g Fett
5 g Eiweiß

1 Heizen Sie den Ofen auf 180 °C Umluft vor und legen Sie ein Backblech mit Backpapier aus.

2 Reiben Sie den Käse.

Tipp: Sie können auch schon fertig geriebenen Käse kaufen, falls es einmal schneller gehen soll.

3 Entfalten Sie den Blätterteig, verteilen Sie Käse und Schinkenwürfel gleichmäßig darauf und rollen Sie ihn wieder auf.

4 Schneiden Sie die entstandene Rolle in 20 Schnecken und backen Sie diese für etwa 10 Minuten.

PIZZA-SCHNECKEN

20 Port. | 30 Min. | Leicht

Zutaten

250 g Käse (z. B. Gouda, Edamer oder Cheddar)
150 g passierte Tomaten
1 TL Basilikum
1 TL Oregano
¼ TL Salz
1 Rolle Blätterteig

Nährwerte p. P.

86 kcal
6 g Kohlenhydrate
6 g Fett
4 g Eiweiß

1 Heizen Sie den Ofen auf 180 °C Umluft vor und legen Sie ein Backblech mit Backpapier aus.

2 Reiben Sie den Käse.

Tipp: Sie können auch schon fertig geriebenen Käse kaufen, falls es einmal schneller gehen soll.

3 Mischen Sie passierte Tomaten, Käse und Gewürze.

4 Entfalten Sie den Blätterteig, verteilen Sie die Tomaten-Käse-Mischung gleichmäßig darauf und rollen Sie ihn wieder auf.

5 Schneiden Sie die entstandene Rolle in 20 Schnecken und backen Sie diese für etwa 10 Minuten.

WÜRSTCHEN IM SCHLAFROCK (V)

10 Port. | 20 - 25 Min. | Leicht

Zutaten

400 g /1 Dose Kichererbsen
4 EL gemahlene Leinsamen
100 g Walnüsse
1 EL Haferflocken
2 EL Sojasoße
2 EL Speiseöl
3 Knoblauchzehen
1 TL Oregano
1 TL Koriander
1 TL Pfeffer
½ TL Räucherpaprika
½ TL Rosmarin
¼ TL Salz
¼ TL Kümmel
1 EL Pflanzenmilch
1 Rolle veganer Blätterteig

Nährwerte p. P.

240 kcal
17 g Kohlenhydrate
15 g Fett
5 g Eiweiß

1 Heizen Sie den Ofen auf 180 °C Umluft vor und legen Sie ein Backblech mit Backpapier aus.

2 Gießen Sie die Flüssigkeit der Kichererbsen ab und waschen Sie diese.

3 Geben Sie Kichererbsen, Leinsamen, Walnüsse, Haferflocken, Sojasoße, Speiseöl, Knoblauchzehen und Gewürze in einen Mixer und zerkleinern Sie alles, bis Sie eine teigartige Paste mit kleinen Stückchen erhalten.

4 Rollen Sie den Blätterteig flach aus und teilen Sie ihn in etwa 10 cm breite Bahnen.

5 Nehmen Sie die Paste aus dem Mixer und rollen Sie sie der Länge der Bahnen entsprechend in Würstchen.

6 Platzieren Sie die Würstchen auf den Blätterteigbahnen, bestreichen Sie die Ränder mit etwas Pflanzenmilch und falten Sie den Blätterteig in der Mitte über die Würstchen.

7 Verschließen Sie die Blätterteigrollen, indem Sie mit einer Gabel die Ränder zusammendrücken.

8 Teilen Sie die Blätterteigrollen in zehn Würstchen, platzieren Sie sie auf dem Backblech und bestreichen Sie die Oberseiten mit etwas Pflanzenmilch. Backen Sie die Würstchen 15–20 Minuten, bis der Blätterteig eine goldbraune Färbung hat.

MEDITERRANE SCONES (V)

6 Port. 45 Min. Leicht

Zutaten

2 EL getrocknete Tomaten
175 g Mehl
1 TL Backpulver
1 Prise Salz
40 g vegane Butter (Margarine)
150 ml Pflanzenmilch
1 TL Zucker
½ TL Zwiebelpulver
½ TL Knoblauchpulver
1 Handvoll geviertelte Oliven

Nährwerte p. P.

165 kcal
23 g Kohlenhydrate
7 g Fett
4 g Eiweiß

1 Heizen Sie den Ofen auf 200 °C Umluft vor und legen Sie ein Backblech mit Backpapier aus.

2 Hacken Sie die getrockneten Tomaten.

3 Verkneten Sie für 2 Minuten Mehl, Backpulver, Salz, Butter und 3 EL Pflanzenmilch.

4 Geben Sie den Zucker, Zwiebelpulver und Knoblauchpulver hinzu und verrühren Sie die Masse mit einem Löffel.

5 Geben Sie die restliche Pflanzenmilch hinzu und mischen Sie alles, bis ein weicher, leicht-feuchter Teig entsteht.

6 Kneten Sie die getrockneten Tomaten und Oliven mit in den Teig ein.

7 Teilen Sie den Teig in 6 Teile, formen Sie 2,5 cm dicke Scones daraus und backen Sie diese für 10–15 Minuten, bis sie leicht gebräunt sind.

VOLLKORNBROT (V)

16 Port. | 12 Std. | Leicht

Zutaten

½ TL Trockenhefe
600 ml Wasser (Zimmertemperatur)
680 g Vollkornmehl (Mehltyp über 405)
140 g Weizenmehl
75 g Roggenmehl
1 TL Salz
2 EL Agavendicksaft

Nährwerte p. P.

184 kcal
35 g Kohlenhydrate
1 g Fett
6 g Eiweiß

1 Lösen Sie die Trockenhefe in 250 ml Wasser auf.

2 Mischen Sie 140 g Vollkornmehl mit dem Weizenmehl, geben Sie dies zu der Hefemischung und verkneten Sie alles.

3 Lassen Sie den Teig abgedeckt mindestens 5 Stunden oder über Nacht an einem warmen Ort gehen.

4 Geben Sie 540 g Vollkornmehl, Roggenmehl, Salz, 350 ml Wasser und Agavendicksaft hinzu und verkneten Sie alles etwa 15 Minuten lang mit den Händen oder den Knethaken eines Handrührgeräts auf schwacher Stufe. Lassen Sie den Teig abgedeckt in einer Schüssel für 2 Stunden an einem warmen Ort gehen.

Tipp: Wischen Sie die Schüssel mit Speiseöl aus, damit der Teig später leichter zu entnehmen ist.

5 Formen Sie den Teig auf einer bemehlten Fläche zu einem Brotlaib, legen Sie ihn auf ein Backblech mit Backpapier und lassen Sie ihn nochmals 45 Minuten ruhen. Heizen Sie den Ofen auf 230 °C Ober-/Unterhitze vor.

6 Backen Sie das Brot für 35–35 Minuten und kühlen Sie es für mindestens 2 Stunden.

BAKED-BEANS-AUFSTRICH (V)

12 Port.

5 Min.

Leicht

Zutaten

300 g vorgekochte weiße Bohnen
3 EL Tomatenmark
3 EL Speiseöl
½ TL Salz
½ TL Knoblauchpulver
½ TL Zwiebelpulver
¼ TL Pfeffer

Nährwerte p. P.

83 kcal
11 g Kohlenhydrate
3 g Fett
3 g Eiweiß

1 Mischen Sie weiße Bohnen, Tomatenmark, Speiseöl und Gewürze und pürieren Sie alles gut.

Tipp: Servieren Sie den Aufstrich mit ein paar getrockneten Tomaten.

HUMMUS (V)

12 Port.

5 Min.

Leicht

1 Mischen Sie Kichererbsen, Olivenöl, Zitronensaft und Gewürze und pürieren Sie alles gut.

Zutaten

265 g vorgekochte Kichererbsen
3 EL Olivenöl
¼ TL Zitronensaft
½ TL Salz
½ TL Knoblauchpulver
½ TL Oregano
¼ TL Pfeffer

Nährwerte p. P.

336 kcal
22 g Kohlenhydrate
24 g Fett
8 g Eiweiß

Tipp: Servieren Sie den Aufstrich mit ein paar zusätzlichen ganzen Kichererbsen und etwas edelsüßem Paprikapulver.

CHICKEN-TIKKA-MASSALA-AUFSTRICH (V)

12 Port. | 5 Min. | Leicht

1 Mischen Sie Kidneybohnen, Tomatenmark, Speiseöl, Sojasoße, Zitronensaft und Gewürze und pürieren Sie alles gut.

Zutaten

255 g vorgekochte Kidneybohnen
3 EL Tomatenmark
3 EL Speiseöl
1 TL Sojasoße
¼ TL Zitronensaft
1 TL Paprikapulver, edelsüß
1 TL Currypulver
½ TL Knoblauchpulver
½ TL Zwiebelpulver
½ TL Kreuzkümmel
¼ TL Zimt
¼ TL gemahlener Ingwer
¼ TL Cayennepfeffer
¼ TL Koriander

Nährwerte p. P.

53 kcal
5 g Kohlenhydrate
3 g Fett
2 g Eiweiß

Tipp: Servieren Sie den Aufstrich mit ein paar zusätzlichen ganzen Kichererbsen und etwas edelsüßem Paprikapulver.

MAYONNAISE (V)

5 Port.

5 Min.

Leicht

1 Mischen Sie Cashewmus, Wasser, Senf und Gewürze gut durch.

Zutaten

100g Cashewmus
30 ml Wasser
1 Messerspitze Senf
¼ TL Salz
¼ TL Zwiebelpulver
¼ TL Knoblauchpulver
1 Prise Pfeffer
1 Prise Cayennepfeffer

Nährwerte p. P.

129 kcal
8 g Kohlenhydrate
10 g Fett
4 g Eiweiß

Tipp: Diese einfache vegane Mayonnaise eignet sich sehr gut als Grundlage für unterschiedlichste Sandwiches.

GEMÜSEPASTETEN (V)

5 Port. 1 Std. Leicht

Zutaten

1 Zwiebel
Speiseöl
2 Knoblauchzehen
2 EL Mehl
480 ml vegane Gemüsebrühe
60 ml Pflanzenmilch
2 Lorbeerblätter
360 g Mischgemüse
1 Prise Salz
1 Prise Pfeffer
1 Rolle veganer Blätterteig

Nährwerte p. P.

307 kcal
41 g Kohlenhydrate
12 g Fett
9 g Eiweiß

1 Heizen Sie den Ofen auf 180 °C Umluft vor und legen Sie ein Backblech mit Backpapier aus. Hacken Sie die Zwiebel fein.

2 Geben Sie etwas Speiseöl in eine Pfanne und braten Sie auf mittlerer Hitze die Zwiebel glasig. Das dauert etwa fünf Minuten.

3 Pressen Sie den Knoblauch in die Pfanne.

4 Geben Sie das Mehl hinzu und rühren Sie es mit einem Schneebesen ein.

Tipp: Achten Sie darauf, dass der Schneebesen nicht aus Metall ist, falls Sie eine beschichtete Pfanne benutzen.

5 Rühren Sie nach und nach die Gemüsebrühe ein.

6 Geben Sie die Pflanzenmilch und die Lorbeerblätter hinzu und lassen Sie alles köcheln, bis die Soße dickflüssig ist.

7 Geben Sie das Mischgemüse hinzu. Würzen Sie mit Salz und Pfeffer und entfernen Sie die Lorbeerblätter.

8 Teilen Sie den Blätterteig in fünf gleich große Teile auf. Geben Sie die Gemüsemischung jeweils auf die Hälfte der Teigteile. Falten Sie die andere Hälfte luftabschließend darüber und drücken Sie die Ränder mit einer Gabel zusammen. Backen Sie alles für 15–25 Minuten, bis die Pasteten goldbraun sind.

PILZ-MARONEN-PASTETEN (V)

4 Port.

1 Std.

Mittel

Zutaten

150 g Pilze (beispielsweise Champignons)
1 Zwiebel
200 g vorgegarte Maronen
3 EL Speiseöl
2 EL Sojasoße
120 g vorgegarte Linsen
120 g vorgegarte Kichererbsen
2 EL Kichererbsenmehl
1 TL Salz
½ TL Pfeffer
1 Rolle veganer Blätterteig
2 EL Pflanzenmilch
½ TL gemahlene Kurkuma

Nährwerte p. P.

561 kcal
58 g Kohlenhydrate
29 g Fett
13 g Eiweiß

1 Putzen Sie die Pilze. Schälen Sie die Zwiebel und hacken Sie sie sowie auch die Pilze und die Maronen fein.

2 Heizen Sie den Ofen auf 200 °C Umluft vor und legen Sie ein Backblech mit Backpapier aus.

3 Geben Sie das Speiseöl in eine Pfanne und braten Sie auf mittlerer Hitze die Zwiebel glasig. Das dauert etwa fünf Minuten. Geben Sie Pilze und Maronen hinzu und braten Sie alles bei hoher Hitze kurz scharf an.

4 Geben Sie die Sojasoße hinzu und kochen Sie die Mischung kurz ein, bevor Sie sie vollständig abkühlen lassen.

5 Vermengen Sie in einer großen Schüssel die Mischung mit den Linsen, den Kichererbsen und dem Kichererbsenmehl. Würzen Sie mit Salz und Pfeffer.

6 Teilen Sie den Blätterteig in vier gleich große Teile auf. Geben Sie die Füllung jeweils auf die Hälfte der Teigteile. Falten Sie die andere Hälfte luftabschließend darüber und drücken Sie die Ränder mit einer Gabel zusammen. Schneiden Sie die Oberfläche mit einem scharfen Messer diagonal ein.

7 Mischen Sie Pflanzenmilch und die gemahlene Kurkuma und bepinseln Sie den Blätterteig damit. Backen Sie die Pasteten für 15–25 Minuten, bis sie goldbraun sind.

ZWIEBELKUCHEN

16 Port.	1 Std. 15 Min.	Mittel

Zutaten

400 g Mehl
1 ½ TL Salz
1 EL Olivenöl
150 ml lauwarmes Wasser
1 ½ kg Zwiebeln
2 EL Speiseöl
1 TL Kümmel
200 g Käse (z. B. Emmentaler, Gouda oder Bergkäse)
4 Eier
200 g Crème fraîche
1 Messerspitze gemahlener Pfeffer
1 Messespitze gemahlener Cayennepfeffer
1 Prise gemahlene Muskatnuss

Nährwerte p. P.

242 kcal
24 g Kohlenhydrate
12 g Fett
10 g Eiweiß

1 Mischen Sie Mehl, ½ TL Salz, Olivenöl und Wasser und verkneten Sie alles mit der Hand oder den Knethaken eines Handrührgeräts.

2 Decken Sie die Schüssel mit einem Tuch ab und lassen Sie den Teig 15 Minuten an einem warmen Ort ruhen.

3 Währenddessen schälen und schneiden Sie die Zwiebeln mit einem Hobel in feine Ringe. Erhitzen Sie das Speiseöl in einer Pfanne und braten Sie die Zwiebelringe mit dem Kümmel bei mittlerer Hitze glasig.

4 Heizen Sie den Ofen auf 180 °C Ober-/Unterhitze vor und legen Sie ein Backblech mit Backpapier aus.

5 Reiben Sie den Käse und geben Sie Eier, Crème fraîche, 1 TL Salz, Pfeffer, Cayennepfeffer, Muskatnuss und die angedünsteten Zwiebeln dazu.

6 Rollen Sie den geruhten Teig auf dem Backblech aus und verteilen Sie den Belag gleichmäßig darauf. Backen Sie den Zwiebelkuchen etwa 30 Minuten.

QUICHE LORRAINE

8 Port. | 1 Std. 30 Min. | Leicht

Zutaten

160 Butter
250 g Mehl
1 Prise Salz
5 Ei
1 Stange Lauch
1 Zwiebel
100 g Schinkenwürfel
Speiseöl
250 ml Sahne
1 Prise Pfeffer

Nährwerte p. P.

444 kcal
27 g Kohlenhydrate
33 g Fett
11 g Eiweiß

1 Für den Teig schneiden Sie die Butter in kleine Würfel.

2 Mischen Sie Mehl und Salz in einer Schüssel. Machen Sie eine Kuhle in die Mitte, geben Sie ein Ei und die Butter hinein und verkneten Sie alles mit den Händen oder den Knethaken eines Handrührgerät schnell zu einem gleichmäßigen Teig. Stellen Sie den Teig 30 Minuten kalt.

3 Heizen Sie den Ofen auf 180 °C Ober-/Unterhitze vor und legen Sie eine Kuchenform mit Backpapier aus.

4 Für die Füllung schneiden Sie den Lauch in etwa 0,5 cm breite Streifen. Schälen Sie die Zwiebel und hacken Sie sie fein.

5 Braten Sie die Schinkenwürfel in Speiseöl auf mittlerer Hitze an und geben Sie den Lauch dazu.

6 Mischen Sie 4 Eier, Sahne und Pfeffer in einer Schüssel, geben Sie die Schinkenmischung dazu und vermengen Sie alles gut.

7 Rollen Sie den Teig aus, geben Sie ihn in die Kuchenform und drücken Sie ihn am Boden und an den Rändern an.

8 Geben Sie die Füllung in die Kuchenform und backen Sie die Quiche für 30–40 Minuten.

Kuchen und Torten

SCHOKO-TARTE MIT RHABARBERKOMPOTT (V)

12 Port. | 6 – 7 Std. | Mittel

Zutaten

270 g Mehl
125 g Puderzucker
1 TL gemahlener Ingwer
125 g vegane Butter (Margarine)
Wasser
250 g vegane dunkle Schokolade
150 ml Pflanzenmilch
¼ TL gemahlener Kardamom
70 g Zucker
1 PK Vanillinzucker
1 Prise Salz
400 g Rhabarber
1 Orange

Nährwerte p. P.

344 kcal
79 g Kohlenhydrate
18 g Fett
5 g Eiweiß

1 Für den Boden sieben Sie 250 g Mehl, Puderzucker und gemahlenen Ingwer in eine große Schüssel. Schneiden Sie die Butter und geben Sie sie in die Mehlmischung.

2 Geben Sie genug kaltes Wasser hinzu, sodass Sie die Zutaten zusammenkneten können.

3 Formen Sie den Teig zu einer Kugel, schlagen Sie diese in Frischhaltefolie ein und kühlen Sie sie für etwa 30 Minuten im Kühlschrank.

4 Rollen Sie den Teig aus, legen Sie ihn in eine eingefettete Tarteform mit etwa 25 cm Durchmesser und schneiden Sie die Überstände ab. Geben Sie die Tarteform für etwa 30 Minuten in den Kühlschrank.

5 Heizen Sie währenddessen den Ofen auf 180 °C Umluft vor.

6 Nehmen Sie die Tarteform aus dem Kühlschrank, backen Sie den Tarte-Boden für 20–25 Minuten, bis er goldbraun ist, und lassen Sie ihn auskühlen.

7 Für die Füllung zerkleinern Sie die dunkle Schokolade. Erwärmen Sie die Pflanzenmilch, 200 ml Wasser, gemahlenen Kardamom und 30 g Zucker bei schwacher Hitze in einem Topf.

8 Mischen Sie in einer kleinen Schüssel 20 g Mehl mit ein paar Esslöffeln der erwärmten Pflanzenmilch und geben Sie alles zurück in den Milchtopf. Verrühren Sie alles und bringen Sie die Milch zum Kochen.

9 Geben Sie die zerkleinerte Schokolade, Vanillinzucker und Salz hinzu, verrühren Sie alles und füllen Sie das Ganze in die Kuchenform über den Tarte-Boden.

10 Stellen Sie die Tarte fünf bis sechs Stunden im Kühlschrank kalt.

11 Zum Servieren schneiden Sie den Rhabarber in etwa 5 cm lange Stücke und geben ihn mit 40 g Zucker, dem Saft und der Schale einer Orange in eine Auflaufform.

12 Decken Sie die Auflaufform mit Alufolie ab und backen Sie den Rhabarber für 20–25 Minuten, bis er weich ist. Servieren Sie die Tarte zusammen mit dem Rhabarberkompott.

TOFFEE-BROWNIES

12 Port. | 55 Min. | Mittel

Zutaten

100 g Buttertoffee
275 g Zartbitterschokolade
225 g Butter
400 g Zucker
5 Eier
200 g Mehl
1 TL Salz

Nährwerte p. P.

515 kcal
65 g Kohlenhydrate
26 g Fett
6 g Eiweiß

1 Heizen Sie den Ofen auf 150 °C Ober-/Unterhitze vor und legen Sie eine kleine Auflaufform bereit. Hacken Sie das Buttertoffee.

2 Hacken Sie die Zartbitterschokolade und schmelzen Sie sie mit der Butter und dem Zucker in einem Wasserbad bei geringer Hitze.

3 Schlagen Sie die Eier mit einem Schneebesen oder Handrührgerät luftig auf.

4 Heben Sie die geschmolzene Schokolade vorsichtig unter die Eier.

5 Geben Sie Mehl, Salz und Buttertoffee hinzu und heben Sie auch diese Mischung unter die Schokoladenmischung.

6 Füllen Sie den Teig in die Auflaufform und backen Sie die Brownies für 15–25 Minuten.

Tipp: Servieren Sie die Brownies mit etwas Schlagsahne, Vanilleeis oder Karamellsoße.

VANILLEMUFFINS (V)

12 Port. | 40 Min. | Leicht

Zutaten

60 ml Pflanzenmilch
120 g Apfelmus
60 ml Speiseöl
110 ml Ahornsirup
1 PK Vanillinzucker
220 g Mehl
160 g Stärkepulver
2 TL Backpulver
½ TL Salz

Nährwerte p. P.

243 kcal
28 g Kohlenhydrate
14 g Fett
4 g Eiweiß

1 Heizen Sie den Ofen auf 180 °C Umluft vor und legen Sie 12 Muffinformen bereit.

2 Mischen Sie Pflanzenmilch, Apfelmus, Speiseöl, Ahornsirup und Vanillinzucker mit einem Handrührgerät oder Schneebesen zusammen.

3 Geben Sie Mehl, Stärkepulver, Backpulver und Salz hinzu und mischen Sie erneut.

4 Füllen Sie die Muffinformen jeweils zu ¾ mit dem Teig.

5 Backen Sie die Muffins für 25–30 Minuten, bis sie goldbraun sind.

MARZIPAN-WEINTRAUBEN-MUFFINS

14 Port. | 45 Min. | Leicht

Zutaten

125 g Butter
250 g Mehl
1 PK Backpulver
75 g Zucker
1 PK Vanillinzucker
1 Prise Salz
3 Eier
150 ml Milch
100 g Marzipan
250 g kernlose Weintrauben

Nährwerte p. P.

221 kcal
28 g Kohlenhydrate
11 g Fett
4 g Eiweiß

1 Heizen Sie den Ofen auf 180 °C Umluft vor und legen Sie 14 Muffinformen bereit.

2 Schmelzen Sie die Butter in einer Mikrowelle oder bei schwacher Hitze in einem kleinen Topf.

3 Schneiden Sie das Marzipan in kleine Würfel.

Tipp: Sie können das Marzipan auch auslassen und nur die Weintrauben in die Muffins geben.

4 Mischen Sie Mehl, Backpulver, Zucker, Vanillinzucker, Salz, Butter, Eier und Milch.

5 Geben Sie das Marzipan hinzu und verrühren Sie alles zu einem glatten Teig.

6 Füllen Sie die Muffinformen jeweils zu ¾ mit dem Teig.

7 Verteilen Sie die Weintrauben auf den Muffins und drücken Sie sie gegebenenfalls etwas in den Teig hinein.

8 Backen Sie die Muffins für 10–20 Minuten, bis sie goldbraun sind.

APFEL-KARAMELL-CUPCAKES

24
Port.

1 Std.
30 Min.

Leicht

Zutaten

300 g Butter (Zimmertemperatur)
225 g brauner Zucker
4 Eier
300 g Mehl
1 PK Backpulver
2 Prisen Salz
2 TL Zimt
120 ml Ahornsirup
3 Äpfel
350 g Puderzucker
2 EL Karamellsoße
2 EL Milch

Nährwerte p. P.

479 kcal
72 g Kohlenhydrate
20 g Fett
4 g Eiweiß

1 Heizen Sie den Ofen auf 175 °C Umluft vor und legen Sie 24 Muffinformen bereit. Waschen, schälen und reiben Sie die Äpfel. Im Folgenden benötigen Sie 170 g geriebene Äpfel.

2 Mischen Sie 125 g Butter und den braunen Zucker und schlagen Sie die Mischung für etwa 5 Minuten mit einem Schneebesen oder Handrührgerät luftig auf.

3 Geben Sie Eier, Mehl, Backpulver, eine Prise Salz, Zimt und Ahornsirup hinzu und vermengen Sie alles zu einem glatten Teig. Heben Sie die geriebenen Äpfel unter.

4 Füllen Sie die Muffinformen jeweils zu ¾ mit dem Teig und backen Sie die Cupcakes für 15–25 Minuten, bis sie goldbraun sind. Lassen Sie sie für mindestens 30 Minuten vollkommen auskühlen.

5 Für die Creme schlagen Sie 175 g Butter für etwa 5 Minuten mit einem Schneebesen oder Handrührgerät luftig auf, geben Puderzucker, eine Prise Salz, Karamellsoße und Wasser hinzu und schlagen die Creme erneut.

Tipp: Anstatt der Karamellsoße können Sie auch Ahornsirup verwenden. Verstreichen Sie die Creme auf den Cupcakes.

Tipp: Dekorieren Sie die Cupcakes mit Karamellsoße und etwas braunem Zucker.

SPEKULATIUS-CUPCAKES

12 Port.

1 Std. 30 Min.

Leicht

Zutaten

375 g Butter
150 g brauner Zucker
2 Prisen Salz
3 Eier
150 g Mehl
1 PK Backpulver
110 g Spekulatius
150 g Puderzucker
40 ml Wasser

Nährwerte p. P.

438 kcal
40 g Kohlenhydrate
30 g Fett
3 g Eiweiß

1 Heizen Sie den Ofen auf 160 °C Umluft vor und legen Sie 12 Muffinformen bereit.

2 Mischen Sie 150 g Butter und den braunen Zucker und schlagen Sie die Mischung für etwa 5 Minuten mit einem Schneebesen oder Handrührgerät luftig auf.

3 Geben Sie Eier, Mehl, Backpulver und eine Prise Salz hinzu und vermengen Sie alles zu einem glatten Teig.

4 Füllen Sie die Muffinformen jeweils zu ¾ mit dem Teig und backen Sie die Cupcakes für 15–25 Minuten, bis sie goldbraun sind. Lassen Sie sie für mindestens 30 Minuten vollkommen auskühlen.

5 Für die Creme verarbeiten Sie den Spekulatius mit einem Mixer oder einer Küchenmaschine zu Spekulatius-Mehl.

6 Schlagen Sie 225 g Butter für etwa 5 Minuten mit einem Schneebesen oder Handrührgerät luftig auf, geben Sie Puderzucker, eine Prise Salz, Spekulatius-Mehl und Wasser hinzu und schlagen Sie die Creme erneut.

7 Verstreichen Sie die Creme auf den Cupcakes.

Tipp: Dekorieren Sie die Cupcakes mit etwas mehr Spekulatiuskrümeln und Karamellsoße.

HIMBEER-SCHOKO-TORTELETTS

4 Port.

15 Min.

Mittel

Zutaten

400 g Schlagsahne
6 EL Puderzucker
100 g Joghurt
2 EL Kakaopulver
4 Torteletts
300 g Himbeeren
2–4 EL gehackte Mandeln

Nährwerte p. P.

619 kcal
45 g Kohlenhydrate
45 g Fett
7 g Eiweiß

1 Schlagen Sie die Schlagsahne mit einem Handrührgerät halb steif, geben Sie 2 EL Puderzucker hinzu und schlagen Sie sie weiter, bis sie komplett steif ist.

2 Mischen Sie Joghurt, Kakaopulver und 4 EL Puderzucker zu einer gleichmäßigen Creme und heben Sie die Hälfte der Sahne unter.

3 Verteilen Sie die Kakaocreme auf den Torteletts und streuen Sie die Himbeeren darüber.

4 Zur Dekoration geben Sie vorsichtig die restliche Sahne auf die Himbeeren und streuen gehackte Mandeln darüber.

Tipp: Für große Schokoladenfreunde kann auch etwas Zartbitterschokolade gehackt und ebenfalls zur Dekoration verwendet werden.

KÄSEKUCHEN

12 Port.

1 Std. 45 Min.

Mittel

Zutaten

3 Eier
150 g Zucker
1 PK Vanillinzucker
50 g Mehl
50 g Speisestärke
1 Prise Salz
1 kg Quark (Fettstufe 20 % oder 40 %)
250 ml Sahne

Nährwerte p. P.

207 kcal
24 g Kohlenhydrate
7 g Fett
12 g Eiweiß

1 Heizen Sie den Ofen auf 160 °C Ober-/Unterhitze vor und legen Sie eine Springform mit Backpapier aus.

2 Schlagen Sie die Eier zusammen mit Zucker und Vanillinzucker mithilfe eines Handrührgeräts schaumig.

3 Geben Sie Mehl, Speisestärke, Salz und Quark hinzu und rühren Sie alles gründlich unter.

4 Geben Sie die Sahne hinzu und vermengen Sie den Teig erneut.

5 Füllen Sie den Teig in die Springform und backen Sie den Käsekuchen für etwa 80 Minuten, bis er goldbraun ist.

Tipp: Fahren Sie nach der halben Backzeit vorsichtig mit einem Messer am Rand des Käsekuchens entlang. So verhindern Sie ein Einreißen der Oberfläche.

6 Lassen Sie den fertig gebackenen Käsekuchen bei geöffneter Backofentür abkühlen, damit der Kuchen nicht zusammenfällt.

7 Lösen Sie die Springform erst, wenn der Kuchen auf Zimmertemperatur abgekühlt ist.

APFELKUCHEN

14 Port. | 45 Min. | Leicht

Zutaten

2 Äpfel
225 g Zucker
250 ml Speiseöl
3 Eier
345 g Mehl
1 PK Backpulver
1 Prise Salz
1 TL Zimt
250 ml Sprudelwasser

Nährwerte p. P.

320 kcal
37 g Kohlenhydrate
18 g Fett
4 g Eiweiß

1 Heizen Sie den Ofen auf 200 °C Umluft vor und legen Sie eine Kuchenform mit Backpapier aus.

2 Schälen, entkernen und schneiden Sie die Äpfel in kleine Spalten.

Tipp: Sie können statt der Äpfel auch andere Früchte wie Kirschen, Birnen oder Beeren verwenden. Dieses Rezept bildet einen guten Grundteig für unterschiedliche Kuchen.

3 Mischen Sie Zucker, Speiseöl und Eier. Geben Sie Mehl, Backpulver, Salz und Zimt hinzu und mischen Sie erneut.

4 Heben Sie das Sprudelwasser vorsichtig unter.

5 Geben Sie den Teig in Ihre Kuchenform, lassen Sie die Apfelspalten hineinfallen und backen Sie den Kuchen für 15–25 Minuten.

HONIGKUCHEN MIT ZITRONE

16 Port.

1 Std.

Mittel

Zutaten

180 g Mehl
70 g Mandelmehl
1 PK Backpulver
½ TL Salz
140 g Butter (Zimmertemperatur)
100 g Zucker
1 PK Vanillinzucker
2 Eier
170 g Honig
1 Zitrone
230 g Joghurt

Nährwerte p. P.

200 kcal
25 g Kohlenhydrate
9 g Fett
5 g Eiweiß

1 Heizen Sie den Ofen auf 180 °C Umluft vor und legen Sie eine Kastenform mit Backpapier aus.

Tipp: Wenn Sie das Backpapier vorher anfeuchten, lässt es sich deutlich einfacher in die Kastenform falten.

2 Waschen Sie die Zitrone heiß und trocknen Sie sie ab. Reiben Sie die Schale ab und pressen Sie die Zitrone aus. Mischen Sie in einer großen Schüssel Mehl, Mandelmehl, Backpulver und Salz.

3 Schlagen Sie in einer anderen Schüssel mit einem Handrührgerät 110 g Butter, Zucker und Vanillinzucker fluffig auf.

4 Geben Sie die Eier hinzu und schlagen Sie weiter. Geben Sie ½ TL Zitronensaft, die geriebene Zitronenschale und 85 g Honig hinzu und schlagen Sie die Masse nochmals.

Tipp: Der Honig ist einfacher hinzuzugeben, wenn der verwendete Esslöffel zuvor mit Öl bestrichen wird.

5 Vermengen Sie die Mehl- und die Buttermischung und geben Sie den Joghurt hinzu. Füllen Sie den Teig in Ihre Kastenform.

Tipp: Schütteln Sie die Form leicht und klopfen Sie mit ihr auf Ihre Unterlage, um Luftbläschen zu vermeiden.

6 Backen Sie den Honigkuchen für 25–35 Minuten, lassen Sie ihn 10 Minuten in der Kastenform und dann auf einem Gitter auskühlen.

7 Für die Glasur schmelzen Sie 30 g Butter mit 85 g Honig und 1 EL Zitronensaft in einem kleinen Topf bei geringer Hitze. Pinseln Sie die Glasur über den Kuchen.

SCHOKOLADENKUCHEN (V)

14 Port. | 55 Min. | Leicht

Zutaten

2 Bananen (ca. 150 g)
60 g Apfelmus
1 TL Vanillinzucker
30 g vegane Butter (Margarine) oder Tahini
180 ml Ahornsirup
80 g Zucker
1 PK Backpulver
¼ TL Salz
300 ml Pflanzenmilch
100 g Backkakao
160 g Stärkepulver
280 g Mehl

Nährwerte p. P.

266 kcal
39 g Kohlenhydrate
13 g Fett
7 g Eiweiß

1 Heizen Sie den Ofen auf 180 °C Umluft vor und legen Sie Ihre Kuchenform mit Backpapier aus.

2 Zerkleinern Sie die Bananen mit einer Gabel, bis ein Brei entsteht.

3 Mischen Sie Bananen, Apfelmus, Vanillinzucker und Butter zusammen. Geben Sie Ahornsirup, Zucker, Backpulver und Salz hinzu.

4 Geben Sie die Pflanzenmilch hinzu und sieben Sie den Backkakao hinein.

5 Geben Sie das Stärkemehl und das Mehl schrittweise hinein, bis die Teigkonsistenz zähflüssig ist.

Tipp: Wenn nötig, passen Sie die Konsistenz mit der Zugabe von mehr Mehl oder Pflanzenmilch an.

6 Füllen Sie den Teig in Ihre Backform und backen Sie ihn für 25–35 Minuten.

SÜẞES TEEBROT

16 Port. | 10 Std. | Leicht

Zutaten

1 Orange
75 g brauner Zucker
250 g Zitronat
100 g Rosinen
2 TL gemahlener Kardamom
200 ml schwarzer Tee
100 g Zartbitterschokolade
1 Ei
200 g Mehl
1 PK Backpulver

Nährwerte p. P.

172 kcal
34 g Kohlenhydrate
3 g Fett
3 g Eiweiß

1 Waschen Sie die Orange heiß, trocknen Sie sie und reiben Sie ihre Schale ab.

2 Mischen Sie braunen Zucker, Zitronat, Rosinen, Orangenschale, Kardamom und schwarzen Tee in einer Schüssel und lassen Sie alles für etwa 8 Stunden oder über Nacht ziehen.

3 Heizen Sie den Ofen auf 160 °C Umluft vor und legen Sie eine Kastenform mit Backpapier aus.

Tipp: Wenn Sie das Backpapier vorher anfeuchten, lässt es sich deutlich einfacher in die Kastenform falten.

4 Hacken Sie die Schokolade grob. Geben Sie das Ei, das Mehl, das Backpulver und die Schokolade hinzu und verkneten Sie alle Zutaten mit den Knethaken eines Handrührgeräts.

5 Füllen Sie den Teig in die Kastenform und backen Sie ihn für 65–70 Minuten.

KUCHENBROT (V)

16 Port.	1 Std. 30 Min.	Leicht

Zutaten

500 g Dinkelmehl
300 g brauner Zucker
3 TL Backpulver (gestrichen)
1 TL Zimt
1 TL gemahlene Nelken (gestrichen)
1 TL gemahlener Ingwer (gestrichen)
½ TL gemahlener Kardamom
0,33 l Malzbier

Nährwerte p. P.

195 kcal
43 g Kohlenhydrate
1 g Fett
3 g Eiweiß

1 Heizen Sie den Ofen auf 160 °C Umluft vor und legen Sie eine Kastenform mit Backpapier aus.

Tipp: Wenn Sie das Backpapier vorher anfeuchten, lässt es sich deutlich einfacher in die Kastenform falten.

2 Mischen Sie Mehl, braunen Zucker, Backpulver und Gewürze in einer Schüssel.

3 Geben Sie Malzbier hinzu und verkneten Sie alle Zutaten mit den Knethaken eines Handrührgeräts.

4 Füllen Sie den Teig in die Kastenform und backen Sie ihn für 65–70 Minuten.

NO-BAKE-CHAI-CHEESECAKE (V)

12 Port.

7 Std.

Mittel

Zutaten

200 g entkernte Datteln
180 g Haferflocken
1 Prise Salz
210 g Cashewkerne
160 ml Wasser
3 Teebeutel Schwarztee
240 ml cremige Kokosnussmilch
75 ml Ahornsirup
1 PK Vanillinzucker
1 TL Zimt
1 TL gemahlener Ingwer
¼ TL Kardamom
1 Messerspitze Pfeffer
1 Messerspitze Muskatnuss
1 Messerspitze gemahlene Nelken
30 ml Speiseöl
12 g frischer geriebener Ingwer

Nährwerte p. P.

323 kcal
31 g Kohlenhydrate
22 g Fett
6 g Eiweiß

1 Weichen Sie die Cashewkerne über Nacht in kaltem oder 30 Minuten in heißem Wasser ein. Gießen Sie den Schwarztee mit 160 ml kochendem Wasser auf und lassen Sie ihn mindestens 30 Minuten abgedeckt ziehen.

2 Legen Sie eine runde Kuchenform mit etwa 17 cm Durchmesser oder eine Kastenform mit Backpapier aus.

Tipp: Wenn Sie das Backpapier vorher anfeuchten, lässt es sich deutlich einfacher in die Kastenform falten.

3 Zerkleinern Sie die Datteln mit einem Mixer oder einer Küchenmaschine und stellen Sie diese beiseite.

4 Mahlen Sie Haferflocken und das Salz zu einem Mehl, geben Sie die zerkleinerten Datteln dazu und mischen Sie alles, bis sich ein klebriger Teig formt. Geben Sie den Teig in Ihre Form, drücken Sie ihn mit den Fingern fest an und härten Sie ihn im Eisfach aus.

5 Mischen Sie die abgegossenen Cashewkerne, den Schwarztee, die Kokosnussmilch, den Ahornsirup, den Vanillinzucker, die Gewürze, das Speiseöl und den Ingwer und zerkleinern Sie alles im Mixer, bis eine Creme entsteht.

6 Gießen Sie die Creme über Ihren Dattelboden und kühlen Sie den Cheesecake im Eisfach mindestens sechs Stunden aus.

7 Zum Servieren nehmen Sie den Cheesecake etwa eine Stunde vorher aus dem Eisfach. Zur Dekoration können Sie noch etwas zusätzlichen Zimt darüber streuen.

NO-BAKE-ERDBEER-CHEESECAKE

 12 Port.

 3 Std. 30 Min.

 Mittel

Zutaten

250g Kekse
100 g Zartbitterschokolade
2 TL Zimt
1 Zitrone
400 g weiße Schokolade
500 g Magerquark
300 g Crème fraîche
1 PK Vanillinzucker
1 TL Stärkepulver
1 EL kaltes Wasser
6 EL Erdbeermarmelade oder Erdbeerkonfitüre

Nährwerte p. P.

449 kcal
42 g Kohlenhydrate
26 g Fett
11 g Eiweiß

1 Legen Sie eine Springform mit etwa 26 cm Durchmesser mit Backpapier aus. Zerkleinern Sie die Kekse, indem Sie sie beispielsweise in einen Gefrierbeutel geben und sie mithilfe eines Nudelholzes zerbröseln. Alternativ können Sie sie auch in einer Küchenmaschine zerkleinern.

2 Hacken Sie weiße und Zartbitterschokolade separat grob und schmelzen Sie die Zartbitterschokolade in einem Wasserbad.

3 Mischen Sie geschmolzene Zartbitterschokolade, Kekskrümel und Zimt, geben Sie den Teig in die Springform und drücken Sie ihn gleichmäßig am Boden an. Härten Sie den Teig mindestens 30 Minuten im Kühlschrank aus.

4 Reiben Sie die Schale der Zitrone ab. Schmelzen Sie die weiße Schokolade in einem Wasserbad. Verrühren Sie Zitronenschale, geschmolzene weiße Schokolade, Magerquark, Crème fraîche und Vanillinzucker mithilfe eines Handrührgerätes oder einer Küchenmaschine.

5 Verteilen Sie die Quarkmasse auf dem Keksboden und stellen Sie den Cheesecake noch einmal für 30 Minuten zurück in den Kühlschrank, bis die Mischung hart geworden ist.

Tipp: Sie können auch frische Erdbeeren in die verstrichene Quarkschicht geben und damit den Cheesecake etwas fruchtiger gestalten.

6 Vermischen Sie Stärkepulver mit kaltem Wasser. Erwärmen Sie vorsichtig die Erdbeermarmelade unter ständigem Rühren in einem kleinen Topf oder in der Mikrowelle. Rühren Sie die Stärkemischung ein. Kochen Sie alles auf und lassen Sie es dann 5 Minuten abkühlen.

7 Pürieren Sie die Masse in einem Mixer oder einer Küchenmaschine. Verstreichen Sie die Erdbeermasse gleichmäßig über der Quarkmasse auf dem Cheesecake und stellen Sie den Cheesecake für mindestens 2 Stunden kalt.

ERDBEER-SAHNE-SANDWICH

 8 Port.

 1 Std. 30 Min.

 Leicht

Zutaten

225 g Backmargarine
225 g Zucker
225 g Mehl
1 PK Backpulver
4 Eier
4 EL Erdbeermarmelade
4 EL Sprühsahne

Nährwerte p. P.

495 kcal
54 g Kohlenhydrate
29 g Fett
6 g Eiweiß

1 Heizen Sie den Ofen auf 160 °C Umluft vor und legen Sie zwei kleine runde Kuchenformen mit Backpapier aus.

2 Mischen Sie Backmargarine, Zucker, Mehl, Backpulver und Eier mit einem Handrührgerät.

3 Teilen Sie den Teig auf die zwei Kuchenformen auf, backen Sie diese für 20–30 Minuten und stellen Sie sie für weitere 30 Minuten kühl.

Tipp: Schütteln Sie die Form leicht und klopfen Sie mit ihr auf Ihre Unterlage, um Luftbläschen zu vermeiden.

4 Bestreichen Sie einen Kuchen mit Erdbeermarmelade, sprühen Sie Schlagsahne darüber und legen Sie den zweiten Kuchen darauf.

NUSSTORTE

12 Port.

1 Std. 30 Min.

Mittel

Zutaten

240 g Butter (Zimmertemperatur)
175 g Zucker
3 Eier
50 g gemahlene Walnüsse
150 g Mehl
1 PK Backpulver
1 Prise Salz
25 g gehackte Walnüsse
110 ml kalter Espresso
225 g Puderzucker

Nährwerte p. P.

390 kcal
43 g Kohlenhydrate
23 g Fett
5 g Eiweiß

1 Heizen Sie den Ofen auf 180 °C Umluft vor und legen Sie zwei runde Kuchenformen mit etwa 20 cm Durchmesser mit Backpapier aus. Schlagen Sie 175 g Butter und Zucker für etwa 5 Minuten mit einem Schneebesen oder Handrührgerät luftig auf.

2 Mischen Sie nach und nach Eier und gemahlene Walnüsse hinzu. Mischen Sie Mehl, Backpulver und Salz und heben Sie es unter die Butter-Zucker-Mischung. Rühren Sie gehackte Walnüsse und 50 ml Espresso in den Teig unter.

3 Teilen Sie den Teig auf die Kuchenformen auf, backen Sie ihn 20–25 Minuten und lassen Sie ihn komplett auskühlen.

4 Für die Cremefüllung würfeln Sie 65 g Butter, sieben 125 g Puderzucker darüber und schlagen beides für etwa 5 Minuten mit einem Schneebesen oder Handrührgerät luftig auf. Geben Sie 40 ml Espresso hinzu und schlagen Sie die Mischung erneut.

5 Für die Glasur sieben Sie 100 g Puderzucker in eine Schüssel, geben 20 ml Espresso hinzu und schlagen alles zusammen. Bestreichen Sie eine Kuchenschicht mit der Cremefüllung, legen Sie die zweite Kuchenschicht darüber und tropfen Sie die Glasur über die Torte.

Tipp: Wenn Sie keinen Kaffeegeschmack mögen, können Sie den Espresso auch durch Milch oder Pflanzenmilch ersetzen. Zusätzlich können Sie die Torte mit ganzen Walnüssen oder Kaffeebohnen dekorieren.

BLAUBEER-CRUMBLE (V)

8 Port.

25 Min.

Leicht

Zutaten

1 Zitrone
700 g Blaubeeren
130 g brauner Zucker
1 PK Vanillinzucker
1 EL Ahornsirup
90 g Haferflocken
125 g Mehl
2 TL Zimt
1 Prise Salz
120 g vegane Butter (Margarine)

Nährwerte p. P.

340 kcal
48 g Kohlenhydrate
14 g Fett
4 g Eiweiß

1 Heizen Sie den Ofen auf 180 °C Umluft vor.

2 Waschen Sie die Zitrone heiß, trocknen Sie sie ab und reiben Sie ihre Schale ab.

3 Geben Sie die Blaubeeren in eine Schüssel und vermischen Sie sie mit 30 g braunem Zucker, Vanillinzucker, 1 TL der geriebenen Zitronenschale und dem Ahornsirup.

Tipp: Sie können statt Blaubeeren auch andere Beeren verwenden.

4 Vermischen Sie in einer anderen Schüssel Haferflocken, Mehl, 100 g Zucker, Zimt und Salz.

5 Schmelzen Sie die Butter in einer Mikrowelle oder in einem kleinen Topf bei geringer Hitze, geben Sie sie in die Mehlmischung und verkneten Sie alles.

6 Füllen Sie die Blaubeeren in eine Auflaufform, streuseln Sie den Teig darüber und backen Sie den Crumble für 10–15 Minuten.

Tipp: Servieren Sie den Crumble noch warm mit veganem Vanilleeis.

Very british

WHISKEYCREME

4 Port.

35 Min.

Mittel

Zutaten

300 g Schlagsahne
7 EL Orangenmarmelade
5 EL Whiskey-Likör, z. B. Baileys
2 EL Zucker
2 EL Zitronensaft

Nährwerte p. P.

559 kcal
44 g Kohlenhydrate
37 g Fett
4 g Eiweiß

1 Mischen Sie in einer Schüssel Orangenmarmelade, Whiskey-Likör, Zucker und Zitronensaft und stellen Sie die Mischung beiseite.

2 Schlagen Sie in einer anderen Schüssel die Sahne mit einem Handrührgerät auf.

3 Heben Sie die Marmeladenmischung unter die Sahne.

4 Füllen Sie die Creme in 4 Gläschen. Sie können sie sofort servieren oder noch einmal kühl stellen, damit sich die Aromen intensiver herausbilden.

SCHOKOLADENÜBERZOGENE PROFITEROLE

4 Port. 30 Min. Leicht

Zutaten

250 g Mini-Windbeutel, TK
200 g dunkle Schokolade

Nährwerte p. P.

496 kcal
40 g Kohlenhydrate
34 g Fett
8 g Eiweiß

1 Lassen Sie die Windbeutel 30 Minuten bei Zimmertemperatur auftauen.

Tipp: Zum Servieren als eine Art Eis kann dieser Schritt übersprungen werden.

2 Hacken Sie die Schokolade grob und schmelzen Sie sie in einem Wasserbad.

3 Geben Sie jeweils 5 Windbeutel in eine kleine Schale und gießen Sie die geschmolzene Schokolade darüber.

SCHOTTISCHES SHORTBREAD

16 Port. | 40 Min. | Leicht

Zutaten

180 g Mehl
90 g blütenzarte Haferflocken
70 g Zucker
½ TL Salz
230 g Butter

Nährwerte p. P.

184 kcal
15 g Kohlenhydrate
13 g Fett
2 g Eiweiß

1 Heizen Sie den Ofen auf 180 °C Umluft vor und legen Sie eine Kuchenform mit einem Durchmesser von etwa 21 cm mit Backpapier aus.

2 Mischen Sie Mehl, Haferflocken, Zucker, Salz und Butter zu einem klebrigen Teig zusammen.

3 Füllen Sie den Teig in die Kuchenform, drücken Sie ihn mit angefeuchteten Fingern flach an und ritzen Sie mit einem angefeuchteten Messer leicht in die Oberseite, sodass 16 Portionen ersichtlich werden.

4 Backen Sie das Shortbread 35–40 Minuten, bis es goldbraun gefärbt ist, kühlen Sie es 5 Minuten aus und schneiden Sie die angeritzten Teile komplett durch.

Tipp: Dieses Rezept ist auch als vegane Variante möglich, indem Sie statt Butter vegane Butter (Margarine) verwenden.

MILLIONAIRE'S SHORTBREAD

25 Port. | 4 Std. 20 Min. | Leicht

Zutaten

300 g Mehl
300 g Butter
100 g weißer Zucker
½ TL Salz
85 g brauner Zucker
2 × 397 g gezuckerte Kondensmilch
300 g dunkle Schokolade
1 EL Speiseöl

Nährwerte p. P.

280 kcal
32 g Kohlenhydrate
16 g Fett
3 g Eiweiß

1 Heizen Sie den Ofen auf 180 °C Umluft vor und legen Sie eine Auflaufform mit Backpapier aus. Vermischen Sie 200 g Butter und weißen Zucker mithilfe eines Handrührgeräts. Geben Sie Mehl und Salz hinzu und verkneten Sie alles.

2 Füllen Sie den Teig in die Auflaufform, drücken Sie ihn mit angefeuchteten Fingern flach an und stechen Sie mit einer Gabel einige Löcher in die Oberseite. Backen Sie das Shortbread 20–30 Minuten, bis es goldbraun gefärbt ist, und lassen Sie es etwa 2 Stunden auskühlen.

3 Für die Karamellschicht mischen Sie 100 g Butter und braunen Zucker mit einem Schneebesen in einem Topf bei mittlerer Hitze, bis die Butter geschmolzen ist.

4 Geben Sie die Kondensmilch hinzu und bringen Sie die Mischung für 1–2 Minuten zum Kochen. Reduzieren Sie die Hitze und lassen Sie alles 10–15 Minuten unter ständigem Rühren köcheln, bis die Mischung hellbraun und dickflüssig geworden ist.

5 Gießen Sie das Karamell über das Shortbread und lassen Sie es auskühlen.
Tipp: Schütteln Sie die Auflaufform leicht und klopfen Sie mit ihr auf Ihre Unterlage, um Luftbläschen zu vermeiden.

6 Für die Schokoladendecke zerkleinern Sie die Schokolade, um sie in einem Wasserbad zu schmelzen. Geben Sie Speiseöl zu der geschmolzenen Schokolade. Gießen Sie alles über das Karamell und lassen Sie es aushärten.
Tipp: Schütteln Sie auch hier die Auflaufform leicht.

7 Nehmen Sie das Millionaire's Shortbread aus der Auflaufform und schneiden Sie es mit einem warmen, trockenen Küchenmesser in 25 Teile.

Tipp: Wenn Sie erst vorsichtig durch die Schokoladenschicht schneiden und dann das Messer herunterdrücken, verhindern Sie, dass die Schokolade unregelmäßig bricht.

HAFERKEKSE

12 Port. | 50 Min. | Leicht

Zutaten

280 g blütenzarte Haferflocken
½ TL Backpulver
½ TL Salz
60 g Butter
2 EL Ahornsirup
120 ml heißes Wasser

Nährwerte p. P.

132 kcal
16 g Kohlenhydrate
6 g Fett
4 g Eiweiß

1 Heizen Sie den Ofen auf 160 °C Umluft vor und legen Sie eine Kuchenform mit einem Durchmesser von etwa 21 cm mit Backpapier aus.

2 Mahlen Sie die Haferflocken mithilfe eines Mixers oder einer Küchenmaschine.

3 Mischen Sie 180 g Hafermehl, Backpulver und Salz.

4 Schmelzen Sie die Butter in der Mikrowelle oder bei schwacher Hitze in einem kleinen Topf auf dem Herd.

5 Geben Sie die geschmolzene Butter, den Ahornsirup und 60 ml heißes Wasser hinzu und vermischen Sie alles. Sollte der Teig noch zu zäh sein, geben Sie mehr Wasser hinzu.

Tipp: Sie können auch Rosinen oder kandierte Früchte mit in den Teig kneten.

6 Bestreuen Sie Ihre Arbeitsfläche mit 100 g Hafermehl und rollen Sie darauf den Teig zu einer etwa 0,5 cm dicken Schicht aus. Stechen Sie mit einem dünnen Glas mit 5 cm Durchmesser die Kekse aus.

7 Backen Sie die Kekse für 20–25 Minuten.

Tipp: Dieses Rezept ist auch als vegane Variante möglich, indem Sie statt Butter vegane Butter (Margarine) verwenden.

TRIFLE

 6 Port.

 1 Std.

 Mittel

Zutaten

50 g gehobelte Mandeln
300 g heller Fertigkuchen (z. B. Biskuitboden oder Minikuchen)
50 g Himbeermarmelade
150–200 ml Likörwein (z. B. Marsala)
580 g Schlagsahne
25 g Zucker
1 PK Vanillinzucker
1 Prise Salz
1 TL Mehl
3 Eier
300 g Himbeeren

Nährwerte p. P.

778 kcal
71 g Kohlenhydrate
45 g Fett
12 g Eiweiß

1 Rösten Sie die Mandeln in einer Pfanne bei mittlerer Hitze für etwa 5 Minuten ohne Speiseöl. Trennen Sie die Eier.

2 Schneiden Sie den Fertigkuchen in kleine Scheiben und bestreichen Sie diese mit der Himbeermarmelade. Legen Sie den Boden Ihrer Schüssel mit den Kuchenscheiben aus – die Marmeladenseite zeigt dabei nach innen – und gießen Sie den Likörwein darüber.

3 Für die Creme mischen Sie Zucker, Vanillinzucker, Salz, Mehl und Eigelb.

4 Erhitzen Sie unter ständigem Rühren mit einem Schneebesen vorsichtig die Schlagsahne in einem Topf bei mittlerer Hitze. Wenn diese heiß ist, gießen Sie sie unter Rühren zu der Zucker-Ei-Mischung.

5 Geben Sie die Creme-Mischung wieder zurück in den Topf und kochen Sie weiter rührend alles auf geringer Hitze, bis die Creme fest geworden ist. Lassen Sie die Creme für etwa 30 Minuten auskühlen.

6 Streuen Sie die Himbeeren auf Ihren Kuchenboden, füllen Sie die Creme darüber und dekorieren Sie mit den gerösteten Mandeln.

HOT CROSS BUNS

12 Port. | 2 Std. 30 Min. | Leicht

Zutaten

530 g Mehl
1 TL Salz
1 TL Zimt
1 Messespitze gemahlener Piment
1 Messerspitze gemahlene Nelken
1 Prise Pfeffer
1 Prise gemahlene Muskatnuss
60 g Margarine
30 g Zitronat
150 g Zucker
180 g Rosinen
35 g Hefe
200 ml Milch
2 Eier
3 EL Wasser

Nährwerte p. P.

316 kcal
57 g Kohlenhydrate
6 g Fett
7 g Eiweiß

1 Mischen Sie 500 g Mehl, Salz und Gewürze in einer Schüssel. Schneiden Sie die Margarine in kleine Würfel und kneten Sie sie in die Mehlmischung mit den Händen oder den Knethaken eines Handrührgeräts.

2 Hacken Sie das Zitronat. Geben Sie Zucker, Rosinen und Zitronat zu Ihrer Mehlmischung. Schlagen Sie die Eier kurz auf. Erwärmen Sie die Milch leicht in der Mikrowelle oder einem kleinen Topf und verrühren Sie darin Hefe und geschlagene Eier.

3 Geben Sie die Milchmischung zu der Mehlmischung, verarbeiten Sie alles zu einem gleichmäßigen Teig und lassen Sie diesen mit einem feuchten Tuch abgedeckt an einem warmen Ort für mindestens eine Stunde ruhen.

4 Kneten Sie den Teig noch einmal leicht durch und teilen Sie ihn in 12 Teile, welche Sie zu runden Brötchen formen. Legen Sie die Brötchen auf das Backblech und lassen Sie sie weitere 15 Minuten gehen. Heizen Sie den Ofen auf 200 °C Umluft vor und legen Sie ein Backblech mit Backpapier aus.

5 Mischen Sie 30 g Mehl mit 3 EL Wasser, ritzen Sie die Brötchen kreuzweise mit einem Küchenmesser ein und bestreichen Sie die Kreuze mit der Mehl-Wasser-Mischung. Backen Sie Ihre Hot Cross Buns für 15–25 Minuten.

KLASSISCHER BROTPUDDING

6 Port. | 1 Std. 30 Min. | Leicht

Zutaten

Etwa 7 ältere, noch schneidbare Brötchen
50 g Rosinen
50 g Butter
500 ml Milch
50 g Zucker
1 Prise Salz
2 Eier

Nährwerte p. P.

349 kcal
49 g Kohlenhydrate
13 g Fett
10 g Eiweiß

1 Schneiden Sie die Brötchen in kleine Stücke und geben Sie sie in eine große Schüssel.

2 Streuen Sie die Rosinen über die Brotwürfel.

3 Schmelzen Sie die Butter in der Mikrowelle oder in einem kleinen Topf bei geringer Hitze.

4 Geben Sie die Milch dazu.

5 Geben Sie Zucker, Salz und Eier hinzu und vermengen Sie die Flüssigkeit mit einem Schneebesen zu einem gleichmäßigen Teig.

6 Gießen Sie die flüssigen Zutaten über die Brötchenwürfel und vermischen Sie alles gut miteinander.

7 Lassen Sie die Puddingmasse für 60 Minuten durchziehen. Rühren Sie sie ab und zu um, damit sich die Flüssigkeit gut mit dem Brot vermengt.

8 Heizen Sie den Ofen auf 175 °C Umluft vor und legen Sie 6 Muffinformen bereit.

9 Backen Sie die Puddings 15–20 Minuten.

Tipp: Servieren Sie die Puddings mit Karamellsoße oder Apfelmus.

CLOTTED CREAM

20 Port. | 30 Min. | Leicht

Zutaten

500 g Schlagsahne

Nährwerte p. P.

85 kcal
1 g Kohlenhydrate
9 g Fett
1 g Eiweiß

1 Heizen Sie den Ofen auf 90 °C Umluft vor.

2 Gießen Sie die Schlagsahne in eine Auflaufform, sodass die Schicht etwa 4 cm dick ist.

3 Backen Sie die Schlagsahne 12–14 Stunden, bis die Oberseite eine goldgelbe Farbe annimmt.

4 Nehmen Sie die Creme aus dem Ofen und lassen Sie sie erst auf Zimmertemperatur und dann im Kühlschrank abkühlen.

5 Gießen Sie die überschüssige Flüssigkeit ab und lagern Sie die Clotted Cream in luftdichten Behältern.

CRUMPETS (V)

14 Port.	1 Std. 30 Min.	Mittel

Zutaten

580 ml Pflanzenmilch
2 TL Trockenhefe
1 TL Zucker
360 g Mehl
1 TL Backpulver
1 ½ TL Salz
Speiseöl

Nährwerte p. P.

107 kcal
22 g Kohlenhydrate
1 g Fett
3 g Eiweiß

1 Erwärmen Sie die Pflanzenmilch leicht in der Mikrowelle oder in einem kleinen Topf, mischen Sie 250 ml Milch mit Trockenhefe und Zucker und lassen Sie das Ganze etwa 10 Minuten ruhen.

2 Mischen Sie Mehl, Backpulver und Salz, machen Sie eine Kuhle in der Mitte und geben Sie die Milch-Hefe-Mischung und die restliche Pflanzenmilch hinein.

Tipp: Wenn Sie gerne naschen, können Sie auch mit Süßungsmitteln wie Agavendicksaft oder mehr Zucker experimentieren. Alternativ können Sie die fertigen Crumpets auch mit viel Marmelade oder Zucker servieren.

3 Vermengen Sie alles und lassen Sie den Teig abgedeckt an einem warmen Ort für eine Stunde gehen.

4 Erhitzen Sie eine Pfanne, ölen Sie sie gut mit Speiseöl und geben Sie mit einer Kelle Teig hinein. Backen Sie die Crumpets bei geringer Hitze für etwa 8 Minuten, bis die Oberseite trocken wirkt, drehen Sie sie um und backen Sie die andere Seite für etwa eine Minute.

KARTOFFELPFANNKUCHEN (V)

8 Port. 1 Std. Leicht

Zutaten

50 g mehligkochende Kartoffeln
50 g vegane Butter (Margarine)
1 TL Salz
100 g Mehl
Speiseöl

Nährwerte p. P.

94 kcal
10 g Kohlenhydrate
6 g Fett
2 g Eiweiß

1 Schälen, kochen und stampfen Sie die Kartoffeln.

2 Geben Sie Butter, Salz und Mehl hinzu und verkneten Sie alles zu einem Teig. Teilen Sie den Teig in zwei Teile.

3 Rollen Sie jeden Teil aus und schneiden Sie jeweils mithilfe eines Tellers als Form einen Kreis aus.

4 Braten Sie die Kartoffelpfannkuchen in Speiseöl bei mittlerer Hitze an und schneiden Sie beide in jeweils 4 Teile, sodass Sie insgesamt 8 Portionen erhalten.

BATH BUNS

12 Port. | 3 Std. | Mittel

Zutaten

260 ml Milch
1 PK Trockenhefe
450 g Mehl
45 g Zucker
½ TL gemahlener Kümmel
1 Prise Salz
225 g Butter
12 Zuckerwürfel
1 Ei

Nährwerte p. P.

325 kcal
36 g Kohlenhydrate
17 g Fett
7 g Eiweiß

1 Erhitzen Sie 250 ml Milch in einem kleinen Topf, bis sie lauwarm ist, und rühren Sie die Trockenhefe ein. Mischen Sie Mehl, 30 g Zucker, Kümmel und Salz in einer großen Schüssel. Geben Sie die Butter hinzu und verkneten Sie alles mit der Hand oder den Knethaken eines Handrührgeräts zu einem krümeligen Teig.

2 Rühren Sie mithilfe eines Holzlöffels vorsichtig die Milch-Hefe-Mischung ein und lassen Sie den Teig für etwa 10 Minuten ruhen. Kneten Sie den Teig für etwa 10 Minuten, bis er glatt und elastisch ist.

3 Lassen Sie den Teig noch einmal für 1 Stunde und 30 Minuten an einem warmen Ort in einer sauberen Schüssel abgedeckt mit einem feuchten Tuch gehen. Teilen Sie den Teig in 12 Teile und formen Sie diese jeweils zu Kugeln.

4 Drücken Sie jeweils einen Zuckerwürfel in die Mitte eines jeden Brötchens und formen Sie dies jeweils erneut zu einer Kugel, sodass sich der Zuckerwürfel im Brötchen befindet.

5 Legen Sie die Brötchen mit ausreichend Abstand zueinander auf das mit Backpapier ausgelegte Blech und lassen Sie sie erneut 30 Minuten mit einem feuchten Tuch abgedeckt gehen. Heizen Sie den Ofen auf 190 °C Umluft vor.

6 Schlagen Sie das Ei mit einem Schneebesen oder Handrührgerät auf und streichen Sie es auf die Oberseite der Brötchen. Backen Sie die Brötchen für 15–20 Minuten. Erwärmen Sie 10 ml Milch mit 15 g Zucker und bestreichen Sie die Brötchen, während sie noch warm sind.

Tipp: Dieses Rezept ist auch als vegane Variante möglich, indem Sie Milch und Ei mit Pflanzenmilch austauschen und statt Butter vegane Butter (Margarine) verwenden.

ENGLISH MUFFINS

 12 Port.

 3 Std.

 Mittel

Zutaten

300 ml Milch
1 PK Trockenhefe
25 g Zucker
50 g Butterschmalz
1 Prise Salz
425 g Mehl
Öl

Nährwerte p. P.

188 kcal
30 g Kohlenhydrate
6 g Fett
5 g Eiweiß

1 Erhitzen Sie die Milch in einem kleinen Topf, bis sie lauwarm ist, und rühren Sie Trockenhefe und Zucker ein. Nehmen Sie den Topf vom Herd und lassen Sie die Milchmischung 5 Minuten ruhen.

2 Schmelzen Sie das Butterschmalz, verkneten Sie dieses mit der Milchmischung, dem Salz und dem Mehl zu einem Teig und lassen Sie diesen etwa eine Stunde lang in einer abgedeckten, eingefetteten Schüssel gehen.

Tipp: Wenn nötig, passen Sie die Konsistenz mit der Zugabe von mehr Mehl oder Milch an.

3 Rollen Sie den Teig auf einer leicht bemehlten Fläche aus, bis er etwa 2 cm dick ist, und stechen Sie mithilfe eines dünnen Glases mit 5 bis 8 cm Durchmesser einzelne Kreise aus.

4 Legen Sie ein Backblech mit Backpapier aus, bestreuen Sie es mit Mehl, legen Sie die Muffin-Teige auf das Backblech und streuen Sie erneut etwas Mehl darüber. Lassen Sie den Teig noch einmal für eine Stunde an einem warmen Ort mit einem Tuch abgedeckt gehen. Heizen Sie den Ofen auf 170 °C vor.

5 Braten Sie die Muffins jeweils mit Öl bei mittlerer Hitze in einer Pfanne an, bis sie braun sind, und lassen Sie diese dann noch einmal für 10 Minuten bei schwacher Hitze weiterbraten. Backen Sie die Muffins etwa 5 Minuten im Ofen, bis Sie durch sind

SODABROT

16 Port. | 50 Min. | Leicht

Zutaten

500 g Dinkelmehl
1 PK Backpulver
2 TL Salz
500 ml Buttermilch

Nährwerte p. P.

117 kcal
23 g Kohlenhydrate
1 g Fett
5 g Eiweiß

1 Heizen Sie den Ofen auf 200 °C Ober-/Unterhitze vor und legen Sie ein Backblech mit Backpapier aus.

2 Mischen Sie Mehl, Backpulver und Salz in einer Schüssel.

3 Gießen Sie langsam die Buttermilch über die Mehlmischung, während Sie die Mischung gleichzeitig mit einer Gabel verrühren.

4 Geben Sie den Teig auf eine bemehlte Arbeitsfläche und kneten Sie ihn kurz mit den Händen durch, bis eine glatte, weiche Teigkugel entsteht.

Tipp: Fügen Sie etwas Mehl hinzu, wenn der Teig noch zu feucht ist.

5 Formen Sie aus dem Teig einen runden Laib und legen Sie diesen auf ein Backblech mit Backpapier.

6 Schneiden Sie mit einem scharfen, angefeuchteten Messer ein Kreuz in die Oberfläche.

7 Backen Sie das Sodabrot für 25–35 Minuten, bis die Kruste goldbraun ist und sich die Unterseite hohl anhört, wenn Sie darauf klopfen.

Tipp: Servieren Sie das Sodabrot ganz traditionell noch lauwarm mit gesalzener Butter oder Marmelade.

EGGS BENEDICT

4 Port. 20 Min. Schwer

Zutaten

4 Eier
Wasser
Essig

Nährwerte p. P.

84 kcal
1 g Kohlenhydrate
7 g Fett
6 g Eiweiß

1 Bringen Sie in einem Topf, welcher hoch genug ist, um darin vier Eier zuzubereiten, Wasser zum Kochen.

2 Reduzieren Sie die Hitze zu einem Köcheln und geben Sie einen Schluck Essig hinzu.

3 Schlagen Sie jedes Ei auf und geben Sie es in eine Tasse, ohne das Eigelb zu durchbrechen.

4 Verwirbeln Sie das Wasser im Topf und lassen Sie die Eier vorsichtig hineingleiten.

5 Garen Sie die Eier, bis das Eiweiß gerade anfängt, fest zu werden, und drehen Sie sie vorsichtig mit einem Schaumlöffel, um sie in eine ovale Form zu bringen.

6 Köcheln Sie die Eier für weitere 3–4 Minuten, bis das Eiweiß gar ist, heben Sie sie mit dem Schaumlöffel aus dem Topf und lassen Sie sie auf einem Küchentuch abtropfen.

Tipp: Servieren Sie die Eier mit Salz, Pfeffer, holländischer Soße und englischen Muffins.

ZITRONENTARTE

8 Port. 1 Std. 40 Min. Mittel

Zutaten

180 g Butter
75 g Puderzucker
1 Prise Salz
11 Eier
25 ml Wasser
250 g Mehl
1 Zitrone
375 g Zucker
300 g Schmand
200 ml Zitronensaft

Nährwerte p. P.

675 kcal
83 g Kohlenhydrate
33 g Fett
11 g Eiweiß

1 Trennen Sie zwei Eier.

2 Schlagen Sie die Butter und den Puderzucker für etwa 5 Minuten mit einem Schneebesen oder Handrührgerät luftig auf und geben Sie nach und nach Salz und Eigelbe hinzu.

3 Geben Sie Wasser und Mehl hinzu, vermischen Sie alles und stellen Sie den Teig für etwa eine Stunde kühl.

4 Heizen Sie den Ofen auf 150 °C Ober-/Unterhitze vor und fetten Sie eine Tarteform mit einem Durchmesser von etwa 25 cm ein.

5 Rollen Sie den Teig aus, legen Sie ihn in die Tarteform, schneiden Sie die Überstände ab. Backen Sie den Tarte-Boden für 20–30 Minuten, bis er goldbraun ist, und lassen Sie ihn auskühlen.

6 Für die Füllung waschen Sie die Zitrone heiß, trocknen sie und reiben die Schale ab.

7 Schlagen Sie Eier und Zucker zusammen. Mischen Sie Schmand, Zitronensaft und Zitronenschale ein.

8 Geben Sie die Füllung in den Tarte-Boden und backen Sie die Tarte bei 110 °C Ober-/Unterhitze für 35–45 Minuten.

KÜRBIS-PIE

12 Port. | 1 Std. 30 Min. | Leicht

Zutaten

125 g Butter
250 g Dinkelmehl
255 g brauner Zucker
4 Eier
Etwa 700 g Hokkaidokürbis
1 PK Vanillinzucker
2 EL Zimt
2 TL gemahlene Nelken
2 TL gemahlener Ingwer
1 TL gemahlene Muskatnuss
200 ml Sahne
50 ml Kondensmilch

Nährwerte p. P.

360 kcal
47 g Kohlenhydrate
17 g Fett
6 g Eiweiß

1 Schneiden Sie die Butter in kleine Würfel. Für den Teig mischen Sie Mehl und 75 g braunen Zucker in eine Schüssel und vermengen ein Ei mit der Mischung.

2 Geben Sie die Butter in die Mehlmischung und verkneten Sie alles mit den Händen oder den Knethaken eines Handrührgeräts, bis ein fester Teig entsteht.

3 Lassen Sie den abgedeckten Teig für etwa 30 Minuten gehen. Heizen Sie den Ofen auf 180 °C Ober-/Unterhitze vor und legen Sie eine Springform mit Backpapier aus.

4 Für die Füllung schälen, entkernen und schneiden Sie währenddessen den Kürbis in grobe Stücke. Kochen Sie die Kürbisstücke, bis sie weich sind. Gießen Sie das Wasser ab und pürieren Sie die Kürbisstücke mit einem Mixer oder einer Küchenmaschine.

5 Vermischen Sie 180 g braunen Zucker, Vanillinzucker und Gewürze und geben Sie die Mischung zusammen mit der Sahne, drei Eiern und der Kondensmilch in das Kürbispüree. Verrühren Sie alles mit einem Handrührgerät.

6 Kneten Sie den Pie-Teig noch einmal kurz durch, rollen Sie ihn aus und legen Sie ihn in die Springform. Drücken Sie den Teig an Boden und Rand der Springform an. Füllen Sie die Kürbismischung in die Springform und backen Sie den Pie für etwa 35–45 Minuten.

Tipp: Servieren Sie den Kürbis-Pie noch warm mit Schlagsahne und etwas Zimt.

MÖHRENTORTE

14 Port. | 1 Std. 30 Min. | Leicht

Zutaten

450 g Möhren
270 g Mehl
1 PK Backpulver
½ TL + 1 Prise Salz
½ TL Zimt
¼ TL gemahlene Nelken
180 g Zucker
240 ml Speiseöl
4 Eier
400 g Frischkäse (Zimmertemperatur)
200 g Butter (Zimmertemperatur)
200 g Puderzucker
1 PK Vanillinzucker

Nährwerte p. P.

533 kcal
45 g Kohlenhydrate
37 g Fett
6 g Eiweiß

1 Heizen Sie den Ofen auf 180 °C Umluft vor und legen Sie eine Kuchenform mit Backpapier aus.

2 Schälen und reiben Sie die Möhren.

3 Mischen Sie Mehl, Backpulver, ½ TL Salz, Zimt und gemahlene Nelken in einer großen Schüssel.

4 Mischen Sie in einer anderen Schüssel Zucker, Speiseöl und Eier mithilfe eines Handrührgeräts und verrühren Sie dies mit der Mehlmischung.

5 Heben Sie die Möhren unter, geben Sie den Teig in Ihre Kuchenform und backen Sie den Kuchen für 15–25 Minuten. Lassen Sie den Kuchen für mindestens 30 Minuten auskühlen.

6 Für die Glasur schlagen Sie die Butter, mischen sie mit dem Frischkäse und geben Puderzucker, Vanillinzucker und eine Prise Salz hinzu. Schlagen Sie das Ganze erneut und verstreichen Sie die Creme auf dem Kuchen.

APPLE PIE

12 Port. | 1 Std. 30 Min. | Mittel

Zutaten

2 Eier
220 g Butter (Zimmertemperatur)
50 g brauner Zucker
410 g Mehl
1 kg Äpfel (säuerlich)
125 g weißer Zucker
1 TL Zimt
1 Prise Salz

Nährwerte p. P.

376 kcal
51 g Kohlenhydrate
17 g Fett
5 g Eiweiß

1 Trennen Sie 1 Ei. Schlagen Sie die Butter und den braunen Zucker für etwa 5 Minuten mit einem Schneebesen oder Handrührgerät luftig auf. Geben Sie ein Ei und ein Eigelb hinzu und schlagen Sie 2 Minuten weiter.

2 Mischen Sie 350 g Mehl hinein und verkneten Sie alles zu einem Teig. Rollen Sie den Teig zu einer Kugel, schlagen Sie diese in Frischhaltefolie ein und stellen Sie den Teig für 30–40 Minuten kühl.

3 Währenddessen waschen, schälen und entkernen Sie die Äpfel. Schneiden Sie sie dann in dünne Scheiben. Heizen Sie den Ofen auf 180 °C Umluft vor und legen Sie eine Springform mit einem Durchmesser von etwa 20 cm mit Backpapier aus.

4 Füllen Sie 2/3 des Teiges in die Springform und drücken Sie ihn am Boden und an den Rändern mit angefeuchteten Fingern flach an, sodass er bis über den Rand reicht. Stechen Sie mit einer Gabel einige Löcher in die Oberseite.

5 Mischen Sie weißen Zucker, Zimt und 60 g Mehl in einer großen Schüssel. Geben Sie die Apfelscheiben hinzu und füllen Sie alles in die Springform.

6 Rollen Sie 1/3 des Teiges zu einem kreisrunden Pie-Deckel aus. Bestreichen Sie die Ränder des Pie mit etwas Wasser, legen Sie den Pie-Deckel darauf und drücken Sie die Teige fest zusammen.

7 Schneiden Sie mit einem feuchten Messer einige Schlitze in den Pie-Deckel. Bestreichen Sie den Pie mit dem restlichen Eiweiß und backen Sie den Apple Pie für 35–45 Minuten.

Tipp: Bestreuen Sie den Apple Pie vor dem Servieren mit etwas Zimt und Zucker.

APFEL CRUMBLE (V)

8 Port.

30 Min.

Leicht

Zutaten

4 große Äpfel
Etwa 100 ml Apfelsaft
200 g vegane Butter (Margarine)
100 g Zucker
300 g Mehl

Nährwerte p. P.

399 kcal
48 g Kohlenhydrate
21 g Fett
4 g Eiweiß

1 Heizen Sie den Ofen auf 180 °C Umluft vor.

2 Entkernen und würfeln Sie die Äpfel.

Tipp: Sie können anstatt der Äpfel auch Birnen verwenden.

3 Geben Sie die Äpfel in eine Auflaufform und gießen Sie den Apfelsaft darüber.

4 Schmelzen Sie die Butter in einer Mikrowelle oder in einem kleinen Topf.

5 Mischen Sie Zucker und Mehl, geben Sie die Butter hinzu und verkneten Sie alles.

6 Streuseln Sie den Teig über die Äpfel und backen Sie den Crumble für 10–15 Minuten.

Warme Getränke

SCHWARZER TEE (V)

5 Port. 10 Min. Leicht

Zutaten

1 l Wasser
5–10 g schwarzer Tee
(z. B. Earl Grey oder English Breakfast)
5–10 EL Pflanzenmilch
5 TL brauner Zucker

Nährwerte p. P.

75 kcal
14 g Kohlenhydrate
2 g Fett
2 g Eiweiß

1 Kochen Sie das Wasser.

2 Übergießen Sie den Tee mit dem kochenden Wasser und lassen Sie ihn 3–5 Minuten ziehen.

Tipp: 3 Minuten Ziehzeit sind ideal, da sich so die meisten Aromen entfalten können. Bei 5 Minuten Ziehzeit wird der Tee zwar stärker, er kann jedoch schon eine bittere Note entfalten.

3 Geben Sie Milch dazu und verrühren Sie den Tee, bis er minimal dickflüssiger erscheint.

Tipp: Sie können anstatt der Milch auch Sahne verwenden.

4 Filtern Sie den Tee und nehmen Sie die Teebeutel aus Ihrer Kanne.

5 Geben Sie den braunen Zucker hinzu und lösen Sie ihn auf.

INGWER-ZITRONEN-TEE (V)

5 Port. 15 Min. Leicht

Zutaten

900 ml Wasser
1 Zitrone
100 g Ingwer
8 EL Agavendicksaft

Nährwerte p. P.

38 kcal
9 g Kohlenhydrate
1 g Fett
1 g Eiweiß

1 Waschen Sie die Zitrone heiß, trocknen Sie sie und schneiden Sie sie in Scheiben.

2 Waschen Sie den Ingwer und schneiden Sie ihn in dünne Schreiben.

3 Kochen Sie das Wasser.

4 Geben Sie die Zitronen- und Ingwerscheiben sowie den Agavendicksaft in das gekochte Wasser und lassen Sie den Tee 10 Minuten ziehen.

KRÄUTERTEE (V)

1 Port. 15 Min. Leicht

Zutaten

½ TL Minze
½ TL Kamille
½ TL Rosenblüten
1 Prise Lavendelblüten
200 ml Wasser

Nährwerte p. P.

8 kcal
1 g Kohlenhydrate
1 g Fett
1 g Eiweiß

1 Mischen Sie Minze, Kamille, Rosenblüten und Lavendel.

2 Kochen Sie das Wasser.

3 Gießen Sie den Tee auf und lassen Sie ihn 10 Minuten ziehen.

KAMILLENMILCH (V)

2 Port.

15 Min.

Leicht

Zutaten

1 Zitrone
450 ml Pflanzenmilch
2 Beutel Kamillentee
2 EL Agavendicksaft
2 TL getrocknete Minze
1 TL Zimt

Nährwerte p. P.

215 kcal
30 g Kohlenhydrate
8 g Fett
8 g Eiweiß

1 Waschen Sie die Zitrone heiß und trocknen und schälen Sie sie mit einem Kartoffelschäler.

2 Erhitzen Sie die Pflanzenmilch in einem Topf bei mittlerer Hitze und lassen Sie sie mit dem Kamillentee, dem Agavendicksaft, der Minze und dem Zimt auf geringer Hitze 10 Minuten köcheln.

3 Entnehmen Sie den Schwarztee und schlagen Sie die Milch 2–3 Minuten lang mit einem Schneebesen schaumig.

LAVENDELMILCH (V)

2 Port. 15 Min. Leicht

Zutaten

120 ml Wasser
2 EL schwarzer Tee
(z. B. Earl Grey)
¼ TL Lavendelblüten
360 ml Pflanzenmilch
1 TL Agavendicksaft

Nährwerte p. P.

47 kcal
7 g Kohlenhydrate
1 g Fett
2 g Eiweiß

1 Kochen Sie das Wasser.

2 Gießen Sie den schwarzen Tee mit den Lavendelblüten auf und lassen Sie alles 7 Minuten ziehen.

3 Währenddessen schlagen Sie 360 ml Pflanzenmilch mit einem Schneebesen etwa 3 Minuten lang schaumig.

4 Entnehmen Sie den Schwarztee und geben Sie die aufgeschäumte Milch und den Agavendicksaft hinzu.

Tipp: Servieren Sie die Milch mit etwas gemahlenem Zimt bestäubt.

APFELPUNSCH (V)

5 Port. 15 Min. Leicht

Zutaten

1 Orange
1 l Apfelsaft
1 TL Zimt
200 g Cranberrys

Nährwerte p. P.

240 kcal
56 g Kohlenhydrate
2 g Fett
2 g Eiweiß

1 Waschen Sie die Orange heiß, trocknen Sie sie und schneiden Sie sie in Scheiben.

2 Erhitzen Sie den Apfelsaft mit den Orangenscheiben und dem Zimt in einem Topf bei mittlerer Hitze.

3 Geben Sie 200 g Cranberrys dazu und lassen Sie alles gut durchziehen.

Tipp: Für eine alkoholische Variante geben Sie zu jeder Portion 2 cl dunklen Rum in ein Glas dazu.

HEIßE SCHOKOLADE (V)

5 Port. 15 Min. Leicht

Zutaten

100 g Vollmilchschokolade
1 l Pflanzenmilch
1 Prise Salz

Nährwerte p. P.

174 kcal
15 g Kohlenhydrate
10 g Fett
6 g Eiweiß

1 Hacken Sie die Schokolade grob.

2 Erhitzen Sie die Pflanzenmilch in einem Topf bei mittlerer Hitze.

3 Geben Sie die Schokolade und das Salz hinzu und verrühren Sie die Milch, bis sich die Schokolade aufgelöst hat.

Tipp: Servieren Sie die heiße Schokolade mit Schlagsahne.

TRAUBENPUNSCH (V)

5 Port. 15 Min. Leicht

Zutaten

1 Orange
750 ml Traubensaft
250 ml Apfelsaft
1 TL Zimt
8 Nelken

Nährwerte p. P.

141 kcal
31 g Kohlenhydrate
1 g Fett
2 g Eiweiß

1 Waschen Sie die Orange heiß, trocknen Sie sie und schneiden Sie sie in Scheiben.

2 Erhitzen Sie Traubensaft und Apfelsaft mit den Orangenscheiben und dem Zimt in einem Topf bei mittlerer Hitze.

3 Geben Sie die Nelken dazu und lassen Sie alles gut durchziehen.

Tipp: Für eine alkoholische Variante geben Sie zu jeder Portion 2 cl dunklen Rum in ein Glas dazu.

SÜßE MILCH (V)

4 Port. 10 Min. Leicht

Zutaten

850 ml Sojamilch
3 EL Agavendicksaft
1 TL Zimt

Nährwerte p. P.

75 kcal
6 g Kohlenhydrate
4 g Fett
18 g Eiweiß

1 Erhitzen Sie die Sojamilch mit dem Zimt in einem Topf bei mittlerer Hitze.

2 Geben Sie den Agavendicksaft hinzu und rühren Sie, bis er sich aufgelöst hat.

Tipp: Für eine kalte Variante kühlen Sie die Milch aus und servieren sie mit Eiswürfeln.

ENTSPANNENDE CHAI-MILCH (V)

2 Port. 15 Min. Leicht

Zutaten

25 g Ingwer
450 ml Pflanzenmilch
2 EL Agavendicksaft
2 Beutel schwarzer Tee
1 TL Zimt
1 Messerspitze gemahlener Kardamom
1 Messerspitze gemahlene Nelken

Nährwerte p. P.

215 kcal
30 g Kohlenhydrate
8 g Fett
8 g Eiweiß

1 Waschen und schälen Sie den Ingwer.

2 Erhitzen Sie die Pflanzenmilch in einem Topf bei mittlerer Hitze und lassen Sie sie mit dem Agavendicksaft, dem schwarzen Tee und den Gewürzen auf geringer Hitze 10 Minuten köcheln.

3 Entnehmen Sie den Schwarztee und schlagen Sie die Milch 2–3 Minuten lang mit einem Schneebesen auf.

Tipp: Servieren Sie die Milch mit etwas gemahlenem Zimt bestäubt.

Kaltgetränke

ZITRONENLIMONADE (V)

4 Port. 25 Min. Leicht

Zutaten

450 g Zucker
450 ml Wasser
4 Zitronen
Frische Minze
500 ml Sprudelwasser
Eiswürfel
Lavendelzweige

Nährwerte p. P.

467 kcal
117 g Kohlenhydrate
1 g Fett
3 g Eiweiß

1 Bringen Sie Zucker und Wasser in einer Pfanne zum Kochen, bis sich der Zucker aufgelöst hat. Nehmen Sie die Pfanne von der Herdplatte und kühlen Sie den entstandenen Sirup.

2 Pressen Sie die Zitronen aus, schlagen Sie die Minze in Ihrer Hand leicht auf und mischen Sie beides mit dem abgekühlten Sirup.

3 Gießen Sie zum Servieren jeweils einen Teil Sirup und einen Teil Sprudelwasser über Eiswürfel in ein Glas. Garnieren Sie mit ein paar Lavendelzweigen.

PFIRSICHLIMONADE (V)

8 Port. 25 Min. Leicht

Zutaten

1 Dose gezuckerte Pfirsiche (850 ml)
1150 ml Zitronenlimonade

Nährwerte p. P.

105 kcal
26 g Kohlenhydrate
1 g Fett
1 g Eiweiß

1 Pürieren Sie die Pfirsiche und die Flüssigkeit in der Dose mithilfe eines Mixers oder einer Küchenmaschine.

2 Gießen Sie mit Zitronenlimonade auf.

Tipp: Für eine alkoholische Variante geben Sie zu jeder Portion 2 cl Gin in ein Glas dazu.

GINGER ALE MIT HIMBEEREN (V)

3 Port. 5 Min. Leicht

Zutaten

100 g Himbeeren
1 TL Rohzuckersirup
Frische Minze
600 ml Ginger Ale
Eiswürfel

Nährwerte p. P.

119 kcal
28 g Kohlenhydrate
1 g Fett
1 g Eiweiß

1 Geben Sie Himbeeren und Rohzuckersirup in einen Krug. Schlagen Sie die Minze in Ihrer Hand leicht auf, geben Sie sie hinzu und zerstoßen Sie alles leicht.

Tipp: Sie können auch 1 TL braunen Zucker statt des Rohzuckersirups verwenden.

2 Geben Sie das Ginger Ale hinzu und servieren Sie die Limonade über Eiswürfel gegossen.

Tipp: Für eine alkoholische Variante geben Sie zu jeder Portion 2 cl Wodka in ein Glas dazu.

CHAI-LATTE AUF EIS (V)

3 Port. 15 Min. Mittel

Zutaten

¾ TL gemahlener Zimt
½ TL gemahlene Nelken
¼ TL gemahlenes Piment
1 Prise Pfeffer
1 Prise gemahlene Muskatnuss
500 ml Wasser
1 Teebeutel schwarzer Tee
2 TL Agavendicksaft
125 ml Pflanzenmilch
Eiswürfel

Nährwerte p. P.

53 kcal
10 g Kohlenhydrate
2 g Fett
1 g Eiweiß

1 Rösten Sie die Gewürze in einem Topf unter ständigem Rühren leicht an, ohne sie zu verbrennen. Das sollte etwa 2–3 Minuten dauern.

2 Geben Sie das Wasser und den Teebeutel hinzu und lassen Sie alles etwa 5 Minuten köcheln.

3 Nehmen Sie den Teebeutel heraus, geben Sie Agavendicksaft hinzu und nehmen Sie den Topf vom Herd.

4 Mischen Sie den Tee mit der Pflanzenmilch und servieren Sie ihn über Eiswürfel gegossen.

SCHOKOLADE AUF EIS (V)

2 Port. 5 Min. Leicht

Zutaten

3 TL Backkakao
1 TL Vanillinzucker
1 Prise Salz
1 EL Agavendicksaft
60 ml Wasser
500 ml Pflanzenmilch
Eiswürfel

Nährwerte p. P.

160 kcal
25 g Kohlenhydrate
6 g Fett
3 g Eiweiß

1 Mischen Sie Backkakao, Vanillinzucker, Salz und Agavendicksaft.

2 Kochen Sie das Wasser und gießen Sie es über die Kakaomischung.

3 Geben Sie die Pflanzenmilch hinzu.

4 Servieren Sie die Schokolade über Eiswürfel gegossen.

APFEL-GIN (V)

1 Port.

5 Min.

Leicht

Zutaten

1 TL Zitronensaft
1 TL Rohzuckersirup
2 cl Gin
200 ml naturtrüber Apfelsaft

Nährwerte p. P.

161 kcal
27 g Kohlenhydrate
1 g Fett
1 g Eiweiß

1 Geben Sie Zitronensaft, Rohzuckersirup und Gin in ein Glas.

Tipp: Sie können auch 1 TL braunen Zucker statt des Rohzuckersirups verwenden.

2 Füllen Sie mit Apfelsaft auf.

GIN-MOJITO MIT INGWER (V)

1 Port.	5 Min.	Leicht

Zutaten

1 TL brauner Zucker
1 TL Limettensaft
2 cl Gin
Frische Minze
200 ml Ginger Ale

Nährwerte p. P.

145 kcal
24 g Kohlenhydrate
1 g Fett
1 g Eiweiß

1 Geben Sie braunen Zucker, Limettensaft und Gin in ein Glas.

2 Schlagen Sie die Minze in Ihrer Hand leicht auf und geben Sie sie dazu.

3 Füllen Sie mit Ginger Ale auf.

GIN TONIC (V)

1 Port.

5 Min.

Leicht

Zutaten

4 cl Gin (z. B. London Dry Gin)
200 ml Tonic Water
1 Zitrone

Nährwerte p. P.

88 kcal
10 g Kohlenhydrate
0 g Fett
0 g Eiweiß

1 Waschen Sie die Zitronen heiß, trocknen Sie sie ab und schneiden Sie sie in Scheiben.

2 Geben Sie Eiswürfel in ein Glas.

3 Gießen Sie den Gin darüber.

4 Füllen Sie mit Tonic Water auf.

5 Geben Sie einige Zitronenscheiben in das Glas.

INGWER-KIRSCH (V)

 1 Port.

 5 Min.

 Leicht

Zutaten

1 TL Limettensaft
1 TL Rohrzuckersirup
4 cl Kirschlikör
200 ml Ginger Ale

Nährwerte p. P.

200 kcal
39 g Kohlenhydrate
1 g Fett
1 g Eiweiß

1 Geben Sie Limettensaft, Rohrzuckersirup und Kirschlikör in ein Glas.

Tipp: Sie können auch 1 TL braunen Zucker statt des Rohrzuckersirups verwenden.

2 Füllen Sie mit Ginger Ale auf.

NEGRONI (V)

1 Port.

5 Min.

Leicht

Zutaten

4 cl Gin
4 cl Campari
4 cl süßer Wermut
1 Orange

Nährwerte p. P.

231 kcal
11 g Kohlenhydrate
0 g Fett
0 g Eiweiß

1 Waschen Sie die Orange heiß, trocknen Sie sie und schneiden Sie einen Streifen Schale ab.

2 Mischen Sie die Zutaten, servieren Sie sie über Eiswürfeln und dekorieren Sie den Drink mit dem Orangenstreifen im Glas.

BAILEYS-ESPRESSO-MARTINI

1 Port. 5 Min. Leicht

Zutaten

4 cl Baileys-Chocolate-Likör
2 cl Wodka
4 cl kalter Espresso
Eiswürfel

Nährwerte p. P.

184 kcal
11 g Kohlenhydrate
15 g Fett
3 g Eiweiß

1 Geben Sie alle Zutaten in einen Cocktailshaker und vermischen Sie diese.

2 Gießen Sie den Martini über Eiswürfel in ein Martiniglas.

Tipp: Servieren Sie den Martini, indem Sie noch ein paar Kaffeebohnen zur Dekoration darüber streuen.